日本海赛侦探团 / 著

王宇佳 / 译

有趣的露营生存图鉴

中国出版集团　现代出版社

跟最棒的伙伴们

一起去冒险。

前 言

我们的日常生活中充满各种各样的物品，像食物、衣服这样的东西，用钱就能买到，而且将来还会出现让购物更便利的技术和服务。

然而，随着生活越来越便利，我们已经不具备真正意义上的“生存的力量”。

要想在大自然中生存下去，除了需要知识和技术，还需要智慧、好奇心、适应能力、推理能力、与同伴的协作能力等，有时还需要拥有无畏的勇气。

希望大家通过阅读这本书能感受到冒险和野外生存的乐趣。其中蕴含的“生存的力量”一定能让你的生活和整个人生变得更加充实。

角色介绍

一群爱冒险的小伙伴

这是一个没有被人类涉足的无人岛。这里没有食物、没有水、没有睡觉的地方，甚至连点火的工具都没有……他们能完成被赋予的各项生存任务并顺利离岛吗？！

目录

与基地相关的野外生存技能 ······ 57

本书的阅读方法

本书将用和小伙伴一起冒险的形式，给大家讲解野外生存必须掌握的“7方面”的知识。这些知识在日常生活中也能用到哦！

“7方面”是指？

- 水
- 火
- 基地
- 食物
- 危险生物
- 救护
- 防灾

为了学会这“7方面”的知识，我们给大家准备了33个任务。

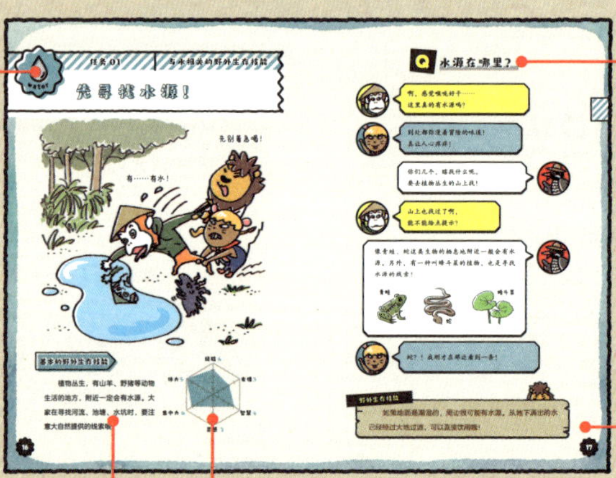

用对话的形式来解答大家的疑问。

向大家传授野外生存的技能。里面有很多有用的小知识哦！

这里写着完成任务需要知道的“基础知识”。

用数字表示完成任务需要的各项能力。

详细解说

⚠ 这里是需要注意的地方！

Point 这里是必须要读的要点！

学会这些知识和技能，去完成属于你自己的冒险吧！

与水相关的野外生存技能

人类一天大约需要喝2升水。如果不喝水，人只能活3天左右。反过来，只要有水分摄入，即使不吃饭，人也能活21天左右。

如果有一天自来水停了，我们就需要自己储备饮用水了。下面就教给大家一些净水和从植物中获取水分的方法，以备不时之需。快来一起看看吧！

我们的生活中到处都是水，但不是所有的水都可以饮用。有些水表面看起来很干净，其实已经被污染了。你有过因为喝了不干净的水而拉肚子的经历吗？那可是非常难受的。为了能喝上安全又放心的干净水，让我们一起学习用生活中常见的物品净水的方法吧！

这种不干净的水能喝吗?!
不……我要喝，我要一口气全部喝干!

water

先寻找水源！

基本的野外生存技能

植物丛生，有山羊、野猪等动物生活的地方，附近一定会有水源。大家在寻找河流、池塘、水坑时，要注意大自然提供的线索哦！

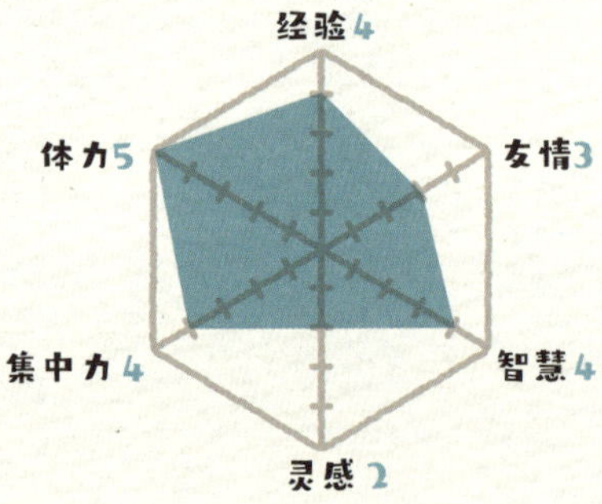

Q 水源在哪里？

啊，感觉喉咙好干……
这里真的有水源吗？

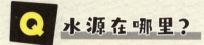

到处都弥漫着冒险的味道！
真让人心痒痒！

你们几个，瞎找什么呢。
要去植物丛生的山上找！

山上也找过了啊，
能不能给点提示？

像青蛙、蛇这类生物的栖息地附近一般会有水源。另外，有一种叫蜂斗菜的植物，也是寻找水源的线索！

蛇？！我刚才在那边看到一条！

野外生存技能

如果地面是潮湿的，周边很可能有水源。从地下涌出的水已经经过大地过滤，可以直接饮用哦！

任务02 与水相关的野外生存技能

将脏水净化！

基本的野外生存技能

水坑和池塘的水里有很多细菌，直接喝会喝坏肚子。看起来很清澈的河水也可能有寄生虫或动物的粪便，千万不要直接饮用哦！

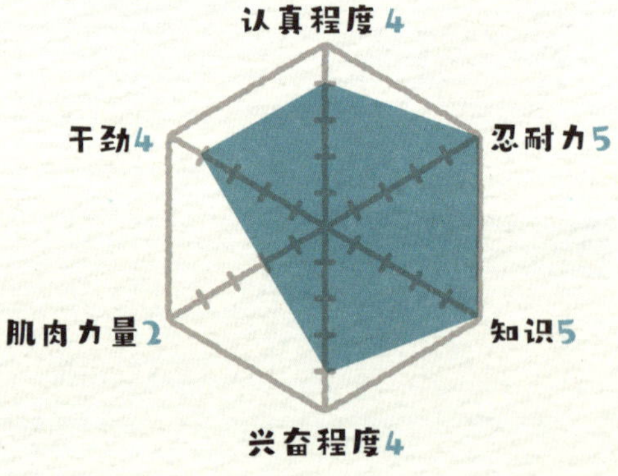

Q 过滤装置里需要什么东西？

不能直接喝池塘里的水吗？

池塘的水里有细菌，喝了会拉肚子或感染。绝对不能喝。

什么？！那我们费这么大劲儿找水源……有什么意义呢？！

要想喝池塘里的水，一定要先“过滤”。过滤能一点一点地去掉水里的脏东西。你们快去海岸上收集一下这些东西吧！

- 塑料瓶
- 木炭
- 沙子
- 手帕或布
- 小石子
- 装水的容器
- 切割的工具
- 打孔的工具

好嘞！
咱们赛跑去海岸吧！

我……体力已经到极限了……

Q 怎样制作过滤装置？

我找到了塑料瓶和锅！
还从篝火的灰烬里找到了木炭！

还缺布啊……
哦，用这个就行！嘿！
（我咬，我咬，我咬……）

嗯……等一下！
你怎么随便撕别人的衣服啊！

好，东西都准备好了吧？
过滤装置的制作方法如下。

塑料瓶过滤装置的制作方法

① 将塑料瓶的底切掉。
② 在塑料瓶的瓶盖上扎个3毫米左右的小孔。
③ 将塑料瓶底朝上放置，依次放入小石子、木炭、沙子、揉成团的布。
④ 将容器放在塑料瓶下方。

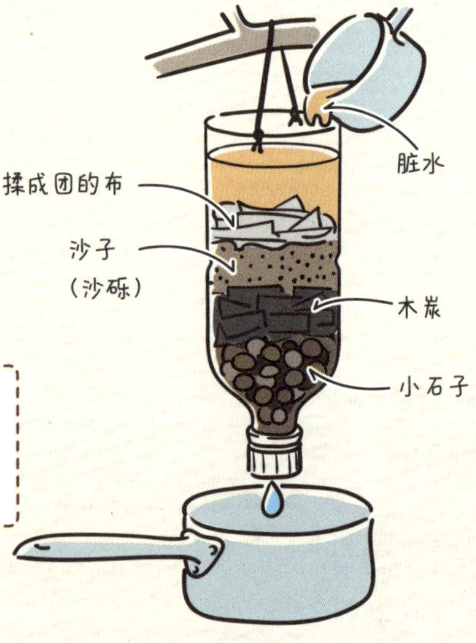

Point

过滤需要一定的时间，可以将塑料瓶拴根绳子挂在树枝上，这样就不需要一直用手举着了。

Q 水变干净了吗？

哦，比刚才干净多了。
终于可以喝水了！我要开始喝啦！

等下。虽然变干净了，但还是要用火杀杀菌，才能安心饮用。

什么？！现在还不能喝？！

话说，干吗非得用池塘的水？直接用海水不行吗？

用海水可不行。这个过滤装置只能过滤脏东西。海水过滤完还是海水。喝了海水可就不得了了。

唔……我已经不行了……晕……

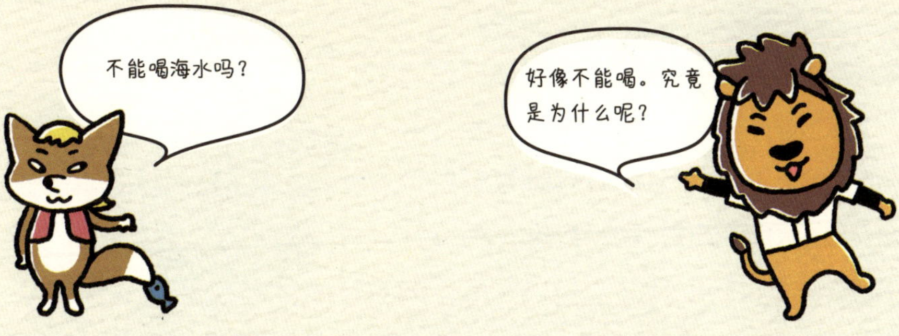

water

用海水制作饮用水！

基本的野外生存技能

水是野外生存必不可少的东西。虽然旁边就是大海，但直接饮用海水容易出问题。大家要记住，即使再渴也不能喝海水哦！

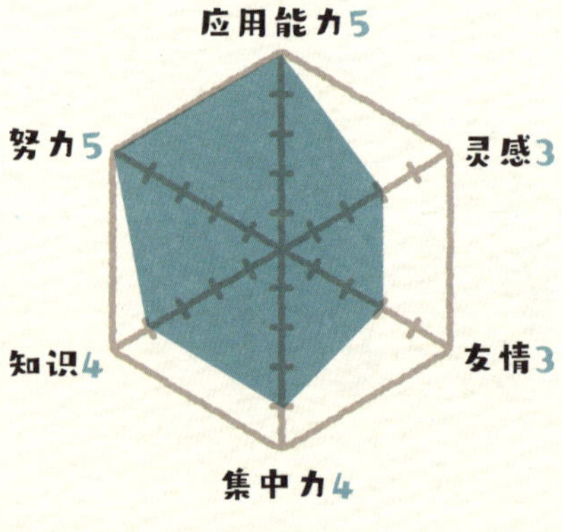

Q 为什么不能喝海水呢？

海水也是水啊，
为什么不能喝呢？

海水里有很多盐分，所以只会越喝越渴。

我知道海水里含盐，因为尝起来是咸咸的。
但只要忍着喝下去，多少也能补充点水分吧？

喝海水是能补充水分，但流失的水分比补充的还多，严重时还会引起脱水，所以是非常危险的。

详细解说

海水中的盐分比人类体液（血液等）中的盐分多很多。人喝了海水之后，体内的盐浓度会上升，为了让盐浓度恢复如初，人类需要通过排便或流汗将多余的盐分排出体外。但排出盐分的同时，水分也会跟着一起排出。

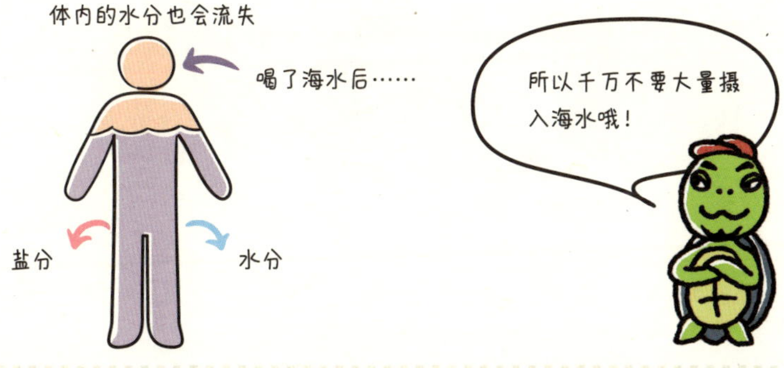
体内的水分也会流失
喝了海水后……
盐分
水分
所以千万不要大量摄入海水哦！

Q 怎样用海水制作饮用水？

请准备以下几样东西！

- 锅
- 毛巾
- 杯子（耐热的）
- 中式炒锅
- 压杯子的石头

用海水制作饮用水的方法

① 将海水倒入锅中，然后将装着石头的杯子放在正中间。
② 将沾湿的毛巾卷起来放在锅沿上，然后放上装着海水的中式炒锅。
③ 点火加热会产生水蒸气，水蒸气遇到中式炒锅的底部会冷却重新变成水。

Point

锅里不能放太多海水，否则杯子里的水会变咸哦！

Q 这些水可以直接饮用吗？

时间差不多了，快把中式炒锅拿走，看看杯子里面有什么，温度很高，注意不要烫伤。

哦哦哦，好厉害！虽然量不多，但水杯里确实有水！

这些水也不能直接喝吧？

这是不含盐的淡水，可以直接喝哦。

是能喝的水？！快让我喝一口……啊，好烫！！！（啪）

喂……竟然把这么珍贵的水打翻了……

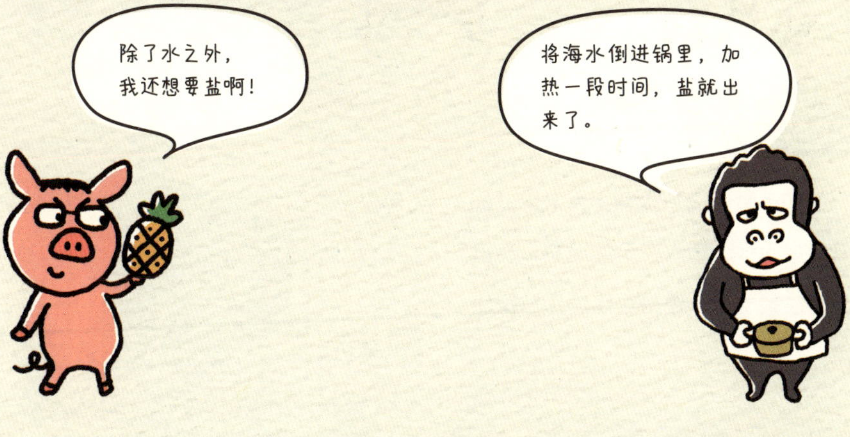

除了水之外，我还想要盐啊！
将海水倒进锅里，加热一段时间，盐就出来了。

一起收集雨水吧！

基本的野外生存技能

如果附近没有水源，大家可以试着收集雨水。雨水充足的地方，平日好好收集雨水，还是可以满足日常使用的。

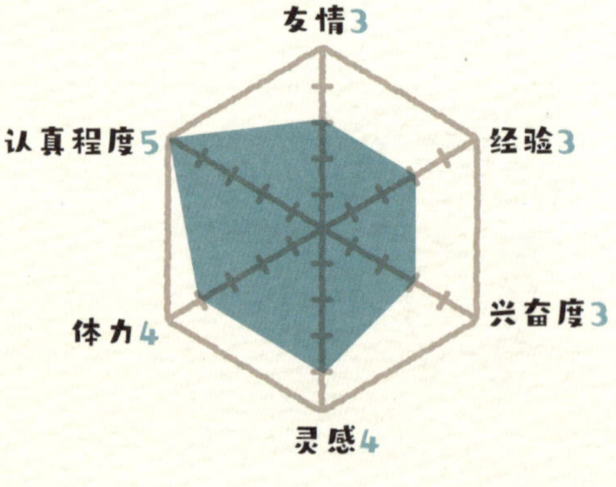

Q 怎样收集雨水？

啊，下雨了！
只要张嘴就能喝到水了！啊——

你那样喝水恐怕喝一辈子也喝不够，
而且一直淋雨会因为着凉而感冒哦。

啊，糟糕……
下巴……要脱臼了……

……

可以用水桶或锅来收集雨水。为了防止雨水四处飞溅带进脏东西，最好在容器底部铺上小石子或树叶。如果有塑料布，可以把它展开后拴到树上，这样收集雨水的效率会更高。

野外生存技能

刚开始下的雨会沾染很多大气中的灰尘，如果要通过收集雨水过滤饮用水，可以把最初几分钟接到的雨水倒掉。

任务05 | 与水相关的野外生存技能

water

从植物中收集水！

基本的野外生存技能

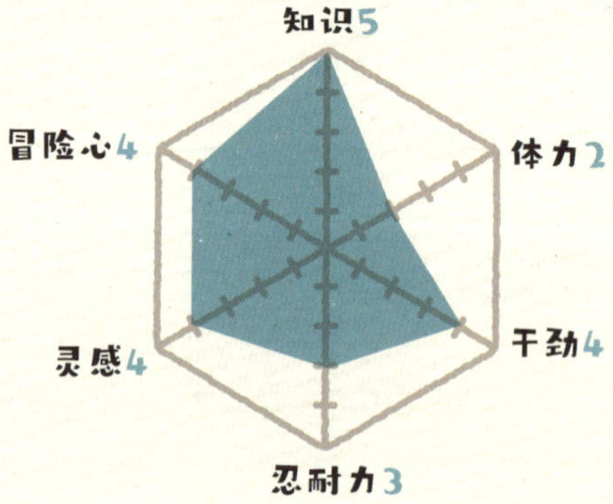

植物中含有很多水分。没找到水源或是无法使用火的时候，可以利用植物来补充水分。只要好好利用植物的性质，虽然过程比较麻烦，但也能收集到水。

Q 怎样从植物中收集水？

啊……好困啊……
这么早起床到底要干什么啊？

将毛巾绑到腿上，到草丛里走一会儿。
草叶上有露水，走1个小时就能
收集500毫升左右的水。

将毛巾绑到腿上
四处走动
露水

呼呼……起这么早好累啊……
没有轻松一点的方法吗？

去找一棵生长在向阳处的植物，然后挑一根叶子比较多的树枝。只要将塑料袋套在这根树枝上，就能收集到少量的水。

放一颗小石子更
容易收集到水

详细解说

在气温较高的白天，植物会打开叶片背面的气孔，将水分排出去，再用根重新吸收水分。树枝上的叶子越多，排出的水分就越多。

Q 含水较多的植物有哪些？

野生植物中也有含水较多的。
下面就给大家介绍3种。

从椰子中获取水分的方法

①找到椰子棕色外壳上的3个点。
②用尖的东西戳这3个点中较软的一个，能轻松地戳出孔。
③用锤子等工具砸这3个点连成的线，就能把壳砸开了。

Point
椰子里含有很多水分和矿物质，所以也被称为“能喝的点滴”。

提起无人岛马上就会联想到椰子树！
发现椰子树时一定很兴奋吧……

有些无人岛也没有椰子树啊。
而且那些掉在海岸上的椰子，不是空的就是臭的吧？

各位小朋友，
可不能用拳头
开椰子哦！

从香蕉树中获取水分的方法

①从靠近根的位置将香蕉树砍断。

②用刀将里面挖空。

③到第二天早上，里面就能收集到水。

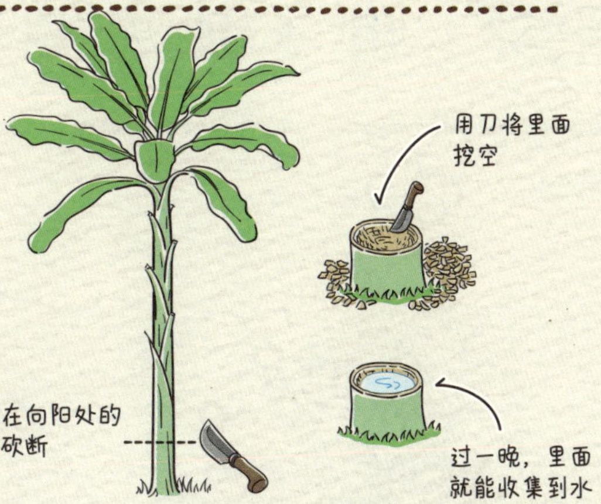
用刀将里面挖空
将生长在向阳处的香蕉树砍断
过一晚，里面就能收集到水

真的能收集到很多水？

从青竹中获取水分的方法

①用刀将青竹的尖端切掉。

②让青竹弯下来，在下面放一个桶。

③第二天早上桶里就能收集到水。

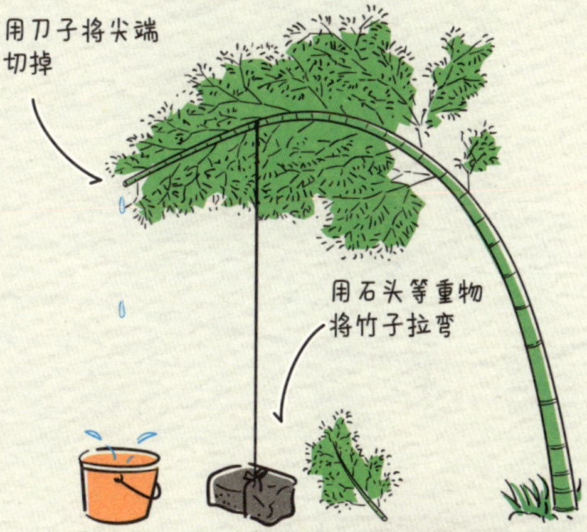
用刀子将尖端切掉
用石头等重物将竹子拉弯

竹子还可以做成钓鱼竿，真是超方便！

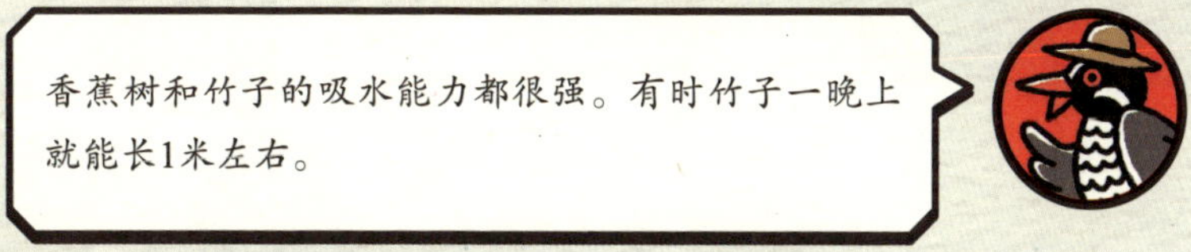
香蕉树和竹子的吸水能力都很强。有时竹子一晚上就能长1米左右。

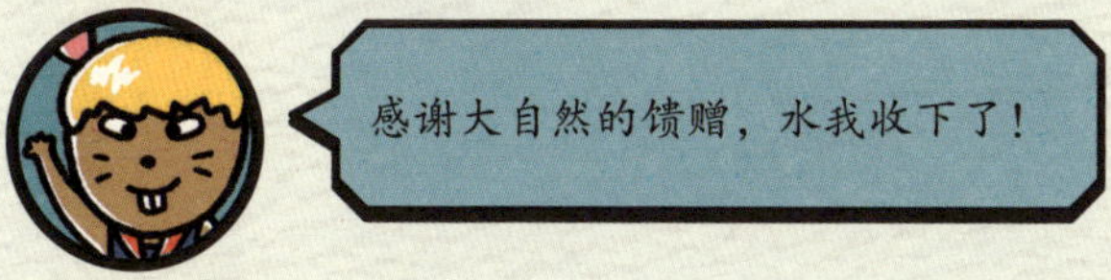
感谢大自然的馈赠，水我收下了！

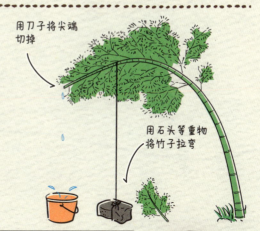

任务06　与水相关的野外生存技能

用各种方法获取水分！

基本的野外生存技能

在海上漂流，或是在雪山上遇险时，都需要获取水分才能生存下去。下面我们就一起来学习在任何环境中都能获取水分的生存技能吧。

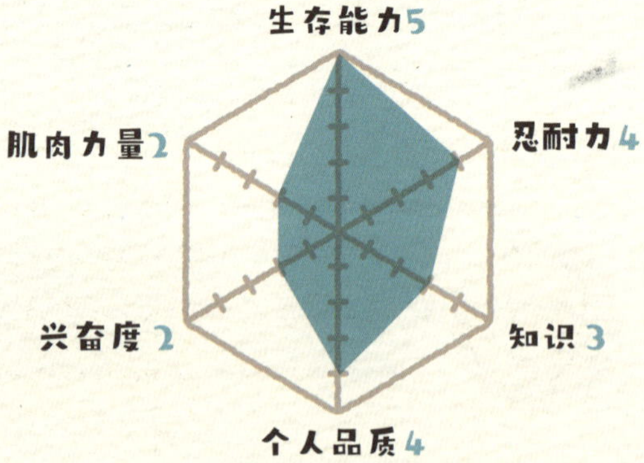

Q 在海上漂流时怎样获取水分？

净顾着钓鱼了……船好像被冲走了？

千万不能在海上漂流啊！
因为咱们没带饮用水！

鱼的体内有很多水，所以直接吃生鱼就能补充水分。还可以用布包住鱼，然后像拧毛巾一样拧出鱼体内的水……不过这个水有点腥，不推荐大家喝。

Q 在雪山上怎样获取水分？

如果在雪山上遇险了，只要吃雪就行了吧？

！直接吃雪会让体温下降，而且内脏也会受凉，所以绝对不能这么干。可以将雪放进锅等容器，加热10分钟左右再喝掉。

野外生存技能

吃生鱼不但能补充水分，还能摄取一定的维生素。所以在没有水果蔬菜的情况下，可以吃生鱼。

海赛通信 ①

在无人岛上面临缺水危机的3个人，因为吵架导致野外生存冒险被迫中止？！

2018年2月，海赛侦探团的老鼠先生、猴子先生和狸猫先生向一个非常残酷的冒险——“到无人岛只能带一样东西，你会带什么”发起了挑战。当时他们带了一箱2升装的水，并且将冒险的成功条件设定为“钓到20厘米以上的鱼才能回家”，最后他们在无人岛上生活了一周。

每人每天需要2升的水，3个人生活一周大约需要42升的水，他们带的完全不够。无人岛上没有自来水，能喝的只有带去的瓶装水，而且食物也需要就地取材。因为经常处于吃不饱的饥饿状态，3个人的心情渐渐开始烦躁，然后引发了激烈的争吵。后来这件事被命名为“狸猫先生的缺水事件”，并且成了海赛听众之间广为流传的传说。

与火相关的野外生存技能

没有火人类根本无法生存。火可以用来加热，让我们吃上安全的食物。在黑暗的夜里还能防止危险生物靠近。所以火对人类来说是很重要的。

我们投身于大自然之后，很容易感受到自身的渺小，但只要有火，就能让人涌出挑战未知、努力生存的力量。让我们为自己的冒险之心点上一把火，去挑战艰难的野外生火吧。

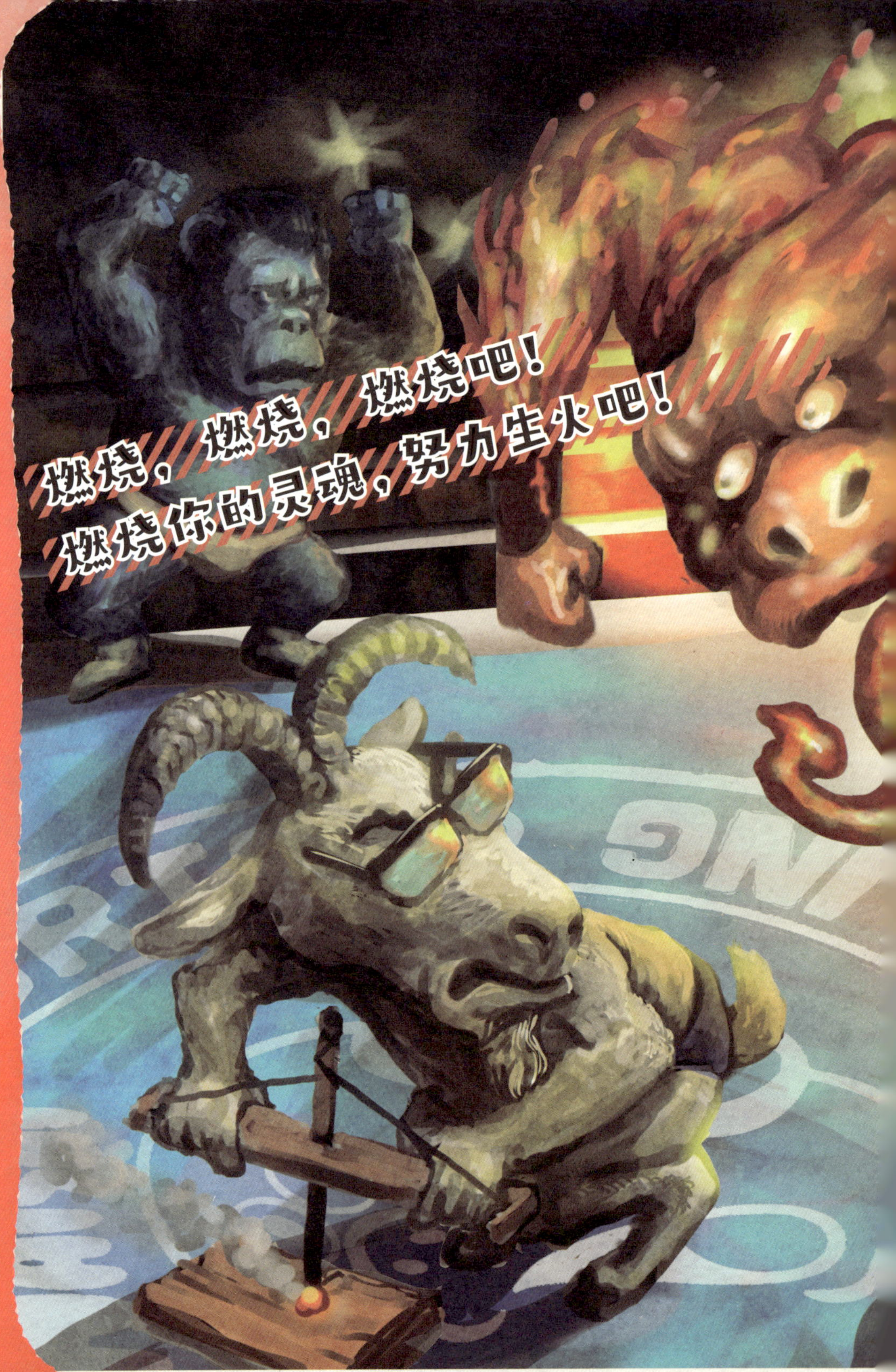
燃烧，燃烧，燃烧吧！
燃烧你的灵魂，努力生火吧！

你在露营或烧烤时生过火吗？即使有火柴和生火工具，操作起来还是很难，更别提没有任何工具，直接在自然环境下生火了。然而，为了生存我们又不得不生火……只能放手一搏了！燃烧吧！

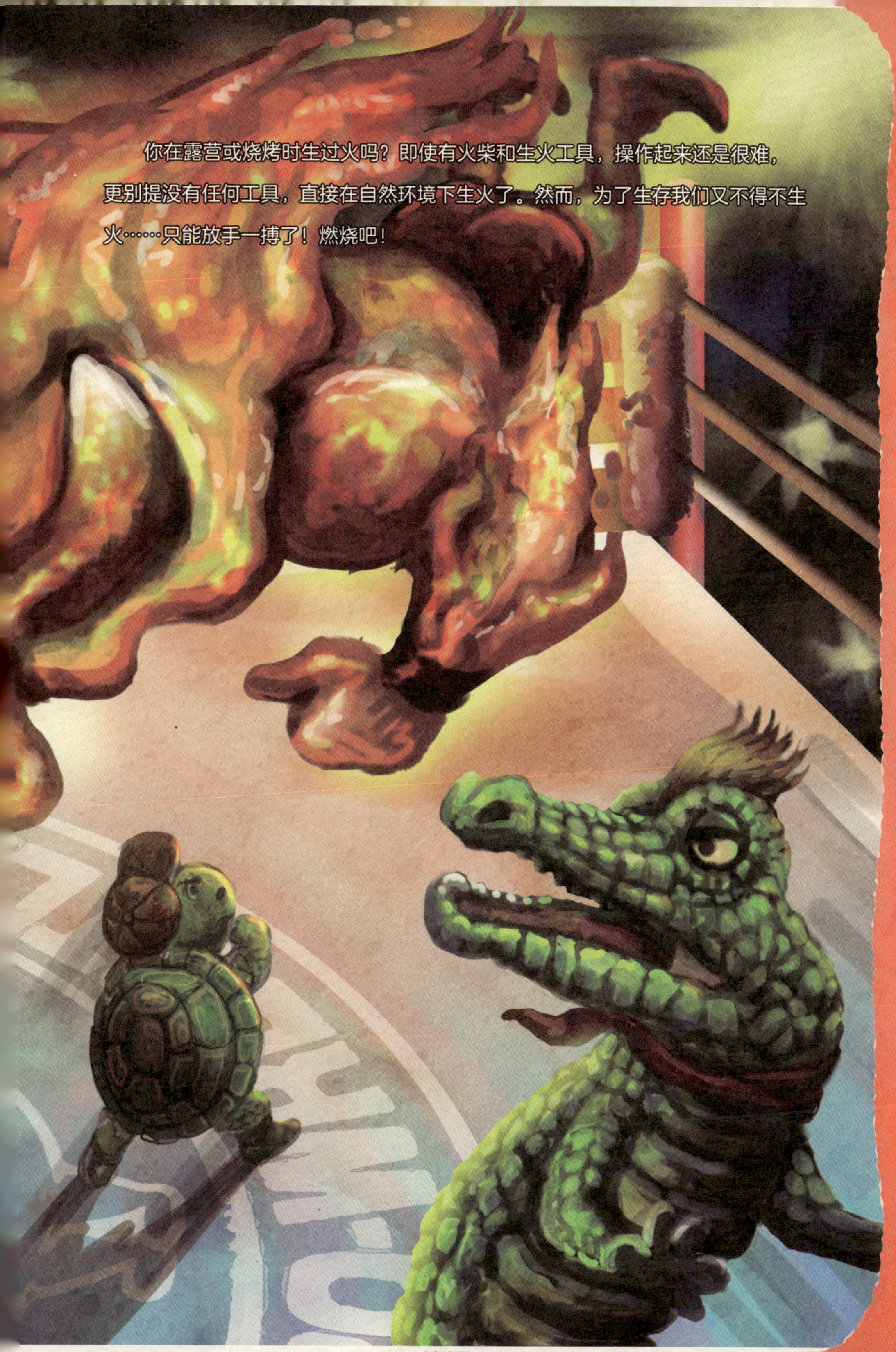

生火的准备工作！

基本的野外生存技能

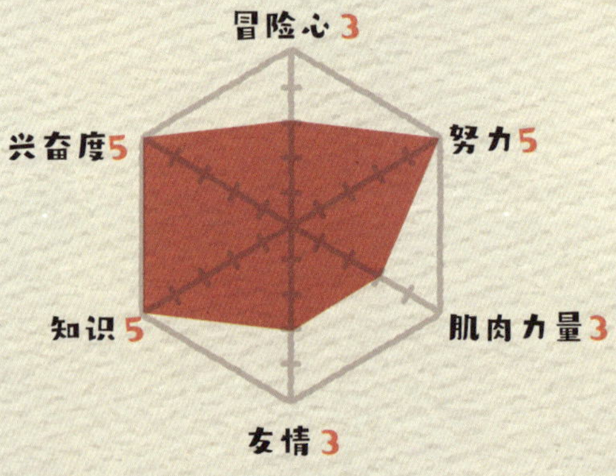

烧烤时有齐全的工具，但生火的过程还是很麻烦。而野外生存会消磨人的体力和意志力，只会让生火难上加难。所以要想生火成功，我们一定要提前做好准备工作。

Q 什么是火绒？

如果能生起火，晚上就有篝火了。

篝火，听起来真不错啊！
但是刚才尝试生火时，已经把火柴用完了……

你们找的木柴太大了，火力不足，所以点不着。记住，一定要让小火一点一点变大。生火时，最先点燃的东西叫作“火绒”，先去找这个吧。要找比较密实或含油较多的，总之就是能快速点燃的东西。

- 柳杉的叶子
- 芒的穗子
- 拆开的麻绳
- 蒲公英的绒毛
- 干燥的蘑菇
- 鸟不用的鸟巢 等

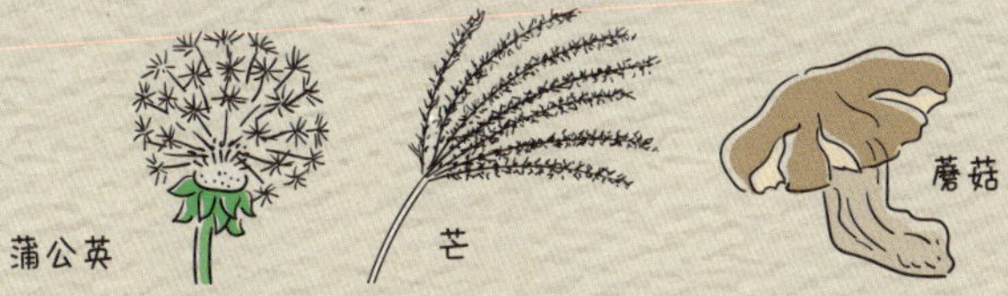

密实又蓬松的东西……
啊，这不就是吗？

喂，你干吗指我的脑袋啊！
我已经找到柳杉的叶子了。
别瞎闹，快用这个点火！

Q 什么是引柴？

先用火柴点燃火绒，再点燃这个木……咦？怎么灭了啊！

刚才说了要让小火慢慢变大。生火最忌讳的就是急躁。点燃火绒以后，要用“引柴”让火变大。引柴类似于助燃剂，最适合的材料是纸巾或报纸。

- 枯叶或枯草
- 柳杉的树皮
- 纸巾
- 松果
- 稻草
- 报纸 等

只要按照火绒→引柴→细树枝的顺序，就能让火一点点变大了吧。

就是这样。树枝不要横着放，最好竖着堆成小山的形状，这样里面可以聚集空气，比较好点燃。

Point

如果用报纸当引柴，一定要揉成长条状。四周要围上一圈树枝，防止它被风吹走。

Q 碰到雨天或大风天也能生火吗？

生火的材料已经收集好了，但是下雨把地面淋湿了。

可以在地面上挖出一个小坑，然后将枯叶或小树枝铺在里面。最好在下雨前收集好生火的材料，放到一个不会被淋湿的地方保存。

好，生火的材料已经准备好了。赶快用火柴点火吧！

啊，说起来……
刚才用的好像是最后一根火柴。

什么？！那还怎么生火啊？

用大自然中的东西生火会显得更酷，而且更让人兴奋吧？

fire

用木头或竹子点火！

基本的野外生存技能

除了火柴等工具，我们还可以用大自然中的东西点火。据说，只有专业的冒险家才能就地取材，完全靠自然界的东西生火。大家可以先记住各种方法，然后慢慢提高自己的实践能力。

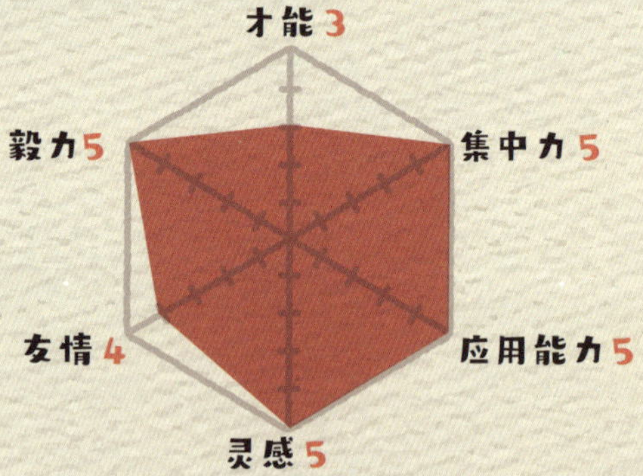

Q 具体要怎样点火？

什么都没有的情况下，要怎么点火呢？

这是一个好问题。让我来告诉你吧。
你把两只手放到一起来回揉搓，我喊停你再停。

我搓，我搓，我搓搓搓……咦？
手变热了……我搓，我搓……

来回揉搓掌心会变热，木头之间互相摩擦也会产生高温并起火，这叫作“摩擦生热”。

比起这个，还是先找生火的材料吧！
能不能顺利生火呢？真让人兴奋啊！

我搓，我搓，我搓搓搓……
（怎么还不喊停啊？）

详细解说

物体表面有一种肉眼看不见的小微粒，叫作“粒子”。粒子的运动变激烈，物体互相接触的部分温度就会升高。摩擦生热时，力量越强、摩擦的面越大，产生的热量就越多。

Q 什么是弓钻生火？

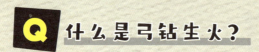

事先说一下，自己点火是一件非常难的事。可没有想象中那么简单。

好兴奋，好兴奋……

下面教大家一个经典的“弓钻生火”法。请准备好以下几种东西。

- 用来做弓的树枝
- 绳子
- 生火板
- 薄木板
- 生火棒
- 火绒
- 手拿固定板

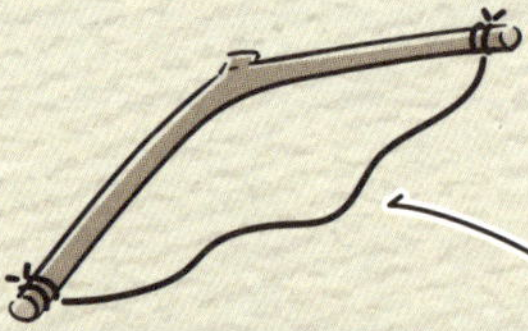

有弧度且比较结实的树枝，长约50厘米。

结实的棉线
拴在树枝两端，要拴得松一些。

生火板
干燥的柳杉木板，厚约1厘米、长约30厘米。开几个能放进生火棒的小孔。

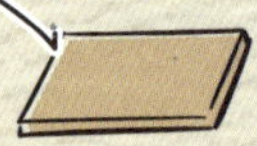

放在生火板下方用来转移火种。

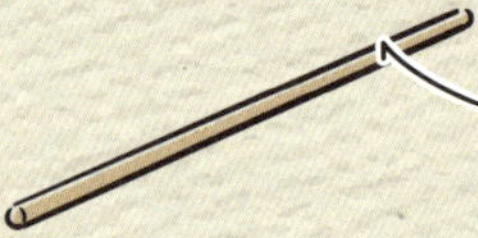

生火棒
笔直、容易旋转的木棒，直径约2厘米，长约30厘米。

火绒（麻绳等）

方便拿的方形木块，中间开一个能放进生火棒的小孔。

弓钻生火的方法

①用弓的绳子在生火棒上绕2圈。

手拿固定板

②用手拉弓，让生火棒旋转起来。

底下铺薄木板

③木屑冒出了烟。

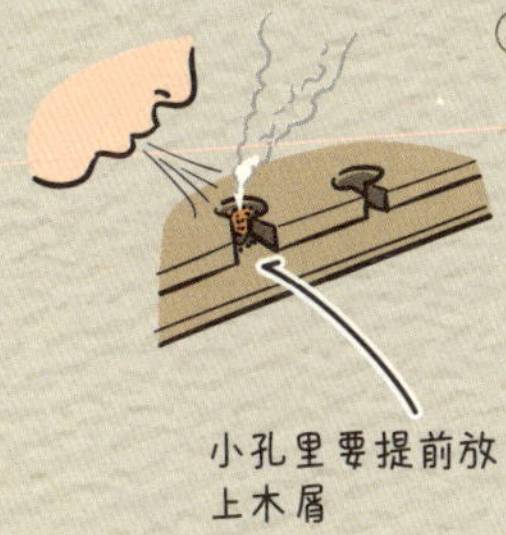
小孔里要提前放上木屑

④将火种转移到火绒上，然后朝着它吹气。

转移到火绒上，朝着火绒吹气

嘿嘿……哈哈……

怎、怎么回事，怎么没有烟啊……

稍微使点劲木棒就折了。

收集材料也花了好长时间……

自己生火的确是件很难的事。

各位小朋友，在用火时一定要找大人陪同哦！生火前先确保周围没有易燃物，同时还要准备一桶用来灭火的水。

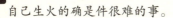

Q 什么是锯竹生火？

竹子很结实能用来生火吗？

问得好！竹子可以用来生火，这种方法叫作“锯竹生火”法。

锯竹生火的方法

①准备对半切开的竹子和火绒。

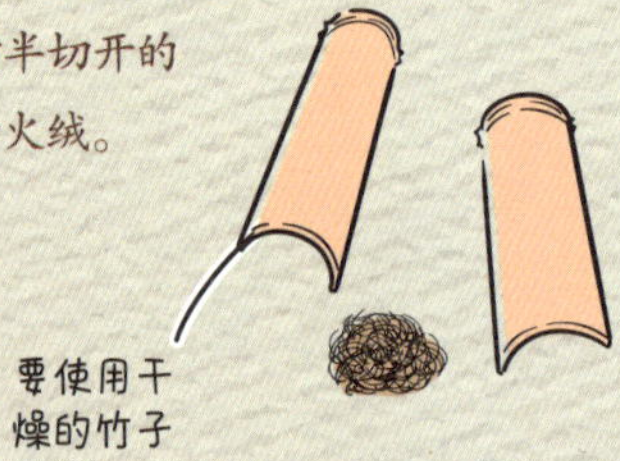
要使用干燥的竹子

②在竹子上打一个小孔，然后横向切出一道沟槽。

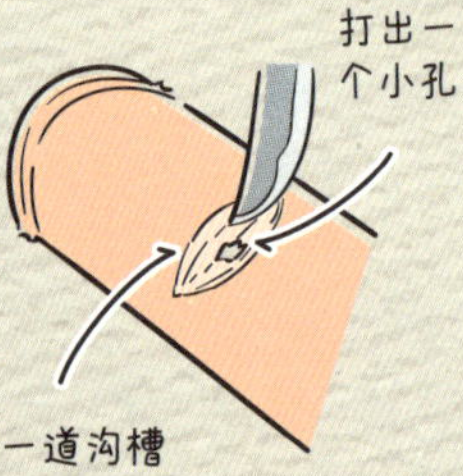
打出一个小孔
横向切出一道沟槽

③将另一片竹子放在沟槽上左右摩擦。

④将火种转移到火绒上，然后向火绒吹气。

将火绒放在竹子底下

Point

用来摩擦的竹子可以事先用刀子削薄或切出锯齿。

Q 最后点着火了吗？

好，我再用尽全力试一次……
哦哈，啊啊啊啊啊啊啊！

冒出烟了，再坚持一下！

不要着急，不要着急……
好，将火种转移到火绒上……

输送空气！呼呼呼——
……嘭（着火）

太好了，点着火了！

哇啊！
你的帽子也着火了！

糟了糟了，只能跳进海里了！
……扑通！

用垃圾来生火！

基本的野外生存技能

如果没有那么强的体力，可以利用阳光来生火。海岸上有很多东西，将这些东西组合起来，就能做成很好的生火工具。

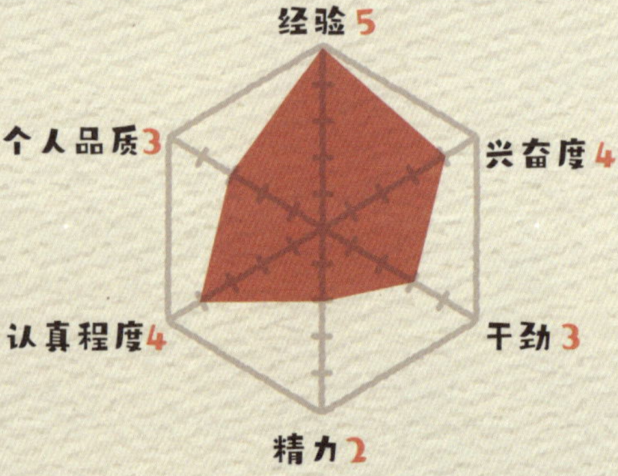

Q 怎样用垃圾生火？

真的能用垃圾生火吗？
竟然有这么令人兴奋的方法？

！

装满水的塑料瓶可以充当透镜，像放大镜一样将阳光集中起来。但是千万不能透过塑料瓶直视太阳哦。

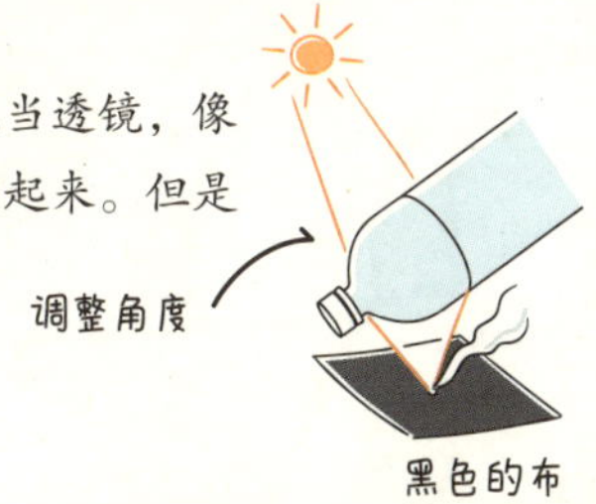

我捡到一个易拉罐，这个应该没法生火吧？

能生火哦。将易拉罐底部打磨一下，就成了一个凹面镜。只要调整好角度，它也能像镜子一样将阳光集中起来。

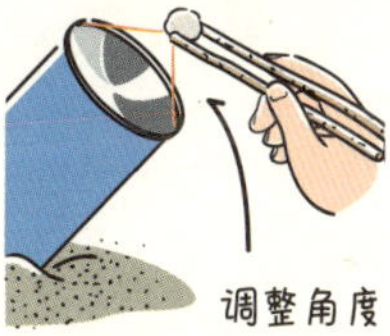

话说，有这种好方法怎么不早说啊！

野外生存技能

用手电筒的反射镜也能生火。如果是冬天，冰也可以作为生火的工具哦。

fire

不要把火弄灭！

基本的野外生存技能

成功生了一次火，不代表次次都能成功。所以野外生存时不但要会生火，还要注意不要把火弄灭。稍微改变一下放木柴的方式就可能对火产生影响，这一点一定要多加注意。

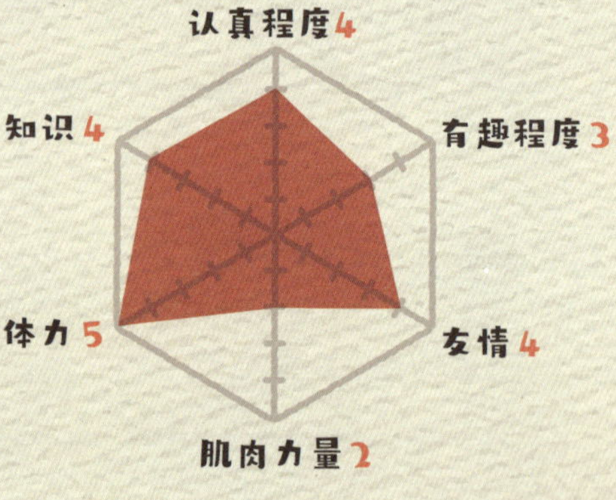

Q 有什么让火不容易灭的窍门吗？

用石头剪刀布决定今天谁来看火吧！

又来？我已经连输5天了。要时刻盯着不能让火灭，这个活真是费劲又枯燥啊！

有一种方法可以让火的燃烧速度变慢。像下图一样将木柴的一端放在火中央，这样会让火势变弱，燃烧的时间自然就变长了。

收集木柴是件很累人的事，
燃烧的时间当然是越长越好了。

将灰撒在燃烧的木炭上，燃烧速度会变慢，火也不容易灭。但如果有风，火很容易引燃周围的东西，这一点一定要多加注意。

野外生存技能

有一种叫作“麻栎”的树，它的木材不是很易燃，但是能燃烧很长时间。而像柳杉这种质地较软的易燃木材，放到火上一会儿就烧没了。

学习搭建炉灶！

基本的野外生存技能

将石头围在火旁做成炉灶，这样即使火很小也能用来烧水做饭。炉灶还有挡风的功能，生火时也比较容易成功。

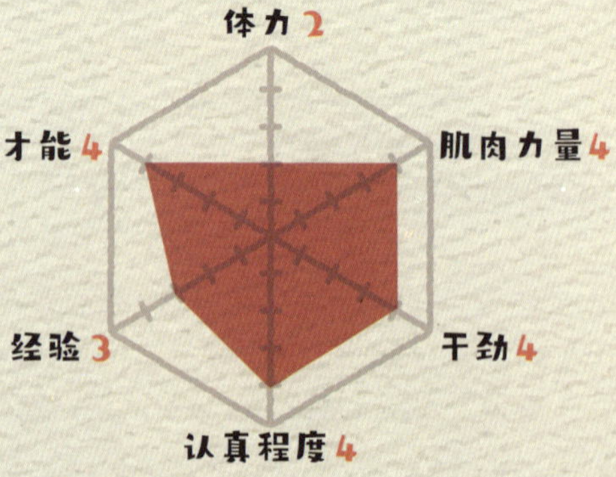

Q 怎样搭建炉灶？

火力真不好调节啊。不是太弱，就是太强……

如果有一个能调节火力的按钮就好了！

你说的这个问题，只要搭建炉灶就能解决了。搭建炉灶时要在风吹过来的方向留出空当，其余三侧都放上石头将火围起来。

随便摆摆不行吗？

搭建炉灶最重要的就是风向。只要做好风的入口，后面就可以用石头来调节火力了。进的风越大火力越强，风越小火力越弱。

野外生存技能

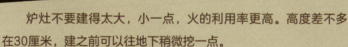

炉灶不要建得太大，小一点，火的利用率更高。高度差不多在30厘米，建之前可以往地下稍微挖一点。

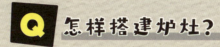

学会灭火！

基本的野外生存技能

用火之后的灭火工作也跟生火一样重要。如果不将火彻底灭掉，很可能引发山火。所以一定要负起责任，好好进行处理。

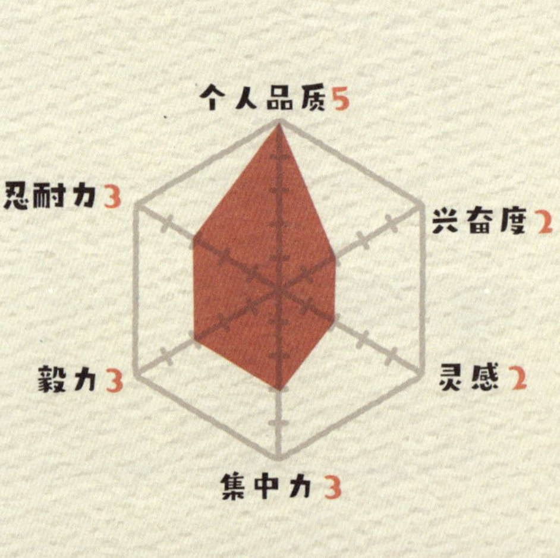

Q 怎样才能将火彻底弄灭呢?

只要盖一层沙子就能把火扑灭吧?

这是错误的灭火方式。用土或沙子埋起来，火不会马上熄灭，所以很可能引起火灾。

嘻嘻嘻……我知道了。
用水“啪”地一泼就行了呗!

这样也不行。水无法弄灭木炭上的火，木炭上的火星会向四周乱飞。最正确的灭火方式是，将木炭直接放入盛着水的桶里。

正确的灭火方式

①将木炭分批少量地放入盛着水的桶里。

②最少在水里放10~15分钟。

③将大块的木炭敲开，确保里面的火也彻底熄灭了。

如果一下放太多木炭，水温会变得很高。所以一定要一点一点地慢慢放哦。

野外生存技能

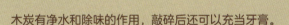

木炭有净水和除味的作用，敲碎后还可以充当牙膏。

海赛通信 ②

生火真是太难了。
过去连火柴都没有，古人们好厉害。

老鼠先生和大象先生在完全不知情的情况下被带到了无人岛。

当时刚过完年，天气还很冷。他们想要赶快生起火，但岛上的工具只有根本不知道用法的“打火石”和“火镰”。他们想到了用小麦粉“引发粉尘爆炸”这种离谱的方式来生火，最后当然没有成功。到了夜里，他们准备放弃的时候，突然得到了一种叫作“碳布”的新工具。碳布是一种碳化的布，最后他们用它成功地生起了火。

与基地相关的野外生存技能

野外生存最先要做的就是搭建一个基地（避难所）。基地能帮我们抵挡毒虫和肉食动物等危险生物，还能给我们遮风挡雨，抵挡恶劣的自然环境。如果没有基地，即使能生火和确保食物安全，也无法在野外长期生存。

要建设基地，必须先从制作工具做起。在如今这个时代，只要花钱就能轻松地获得各种工具。换作以前，可是连绳子和刀子这类基本工具都需要自己动手制作的。有的人会觉得这样很不方便，也有人会因此而兴奋不已。究竟要怎么想，就看你自己了。

大家有建立过秘密基地吗？在大自然中建设一个只属于自己的居所，是一件很令人兴奋的事呢。基地的设计能体现一个人的品位，为了以后能自豪地招待朋友来做客，让我们一起来建设一个帅气的基地吧！

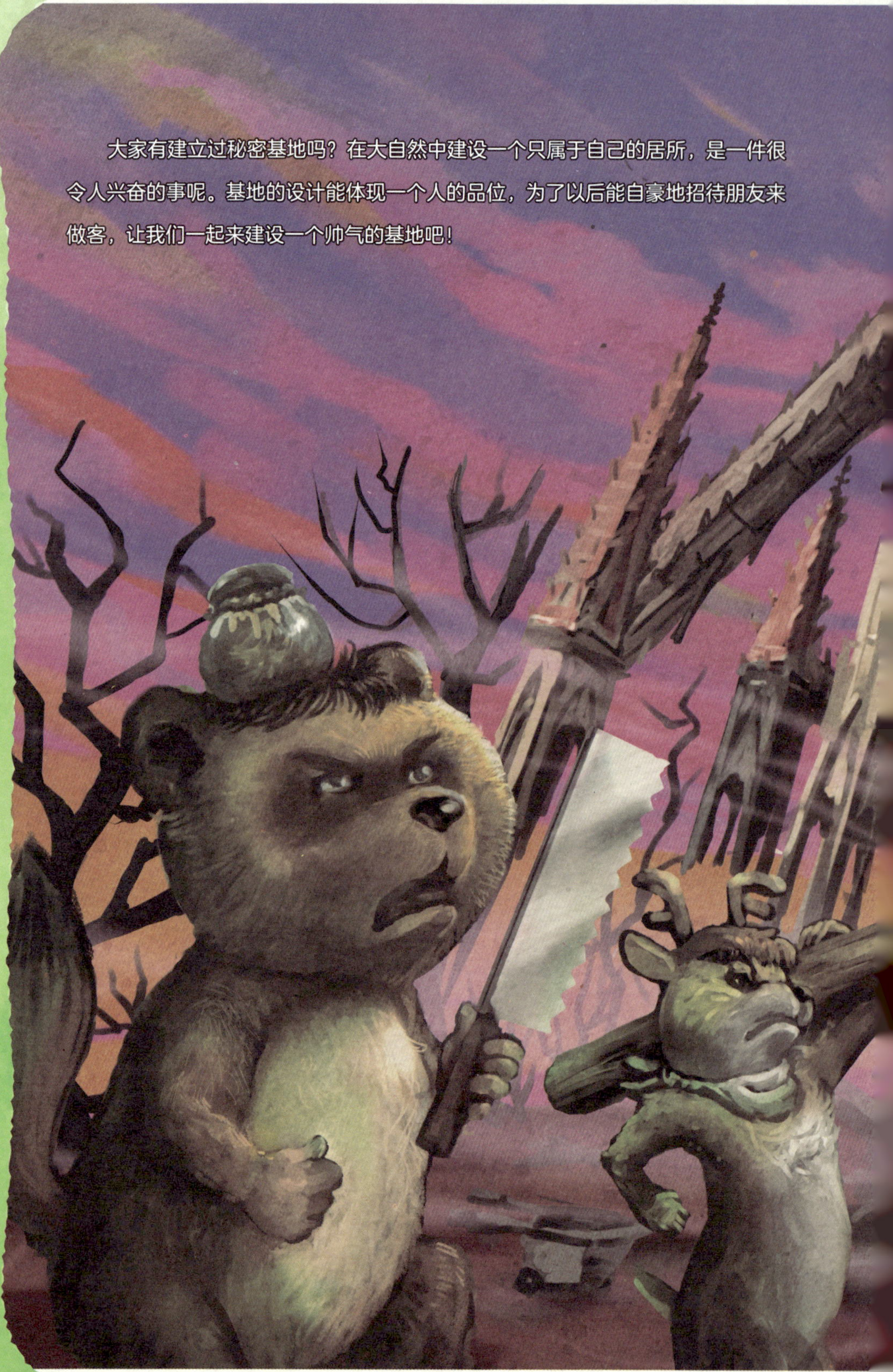

没有什么不方便的！
一起来建设梦想的居所吧！

寻找安全的基地！

基本的野外生存技能

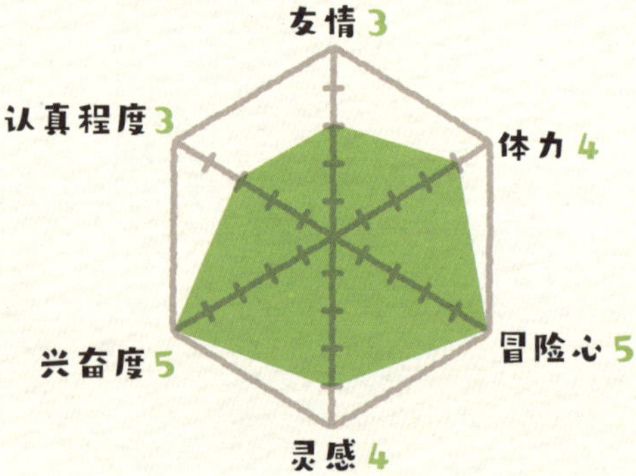

野外生存中最重要的就是建立一个安全的基地。这样不用四处乱转，而是以一个地方为据点，安全地向四周进行探索。有了固定的基地，心里也会更加有着落。

什么样的地方适合当基地？

天已经快黑了。夜里很吓人啊……哆嗦哆嗦……

先去找一个能遮风挡雨的地方吧。没有遮蔽的话，晚上身体会被露水打湿，碰到刮风天体温也会下降。

这个小坑怎么样？
挤一点大家应该都能进去。

你找的这个地方不错。有了天然的沟壑，剩下的只要在入口处挡上树枝等东西，就变成了一个简单的基地。不过一定要注意从高处滚落的石头。

哪些地方不适合当基地呢？

高高的悬崖下很容易有石头滚落，所以有一定的危险性。比较深的洞穴里可能有危险生物，也不太适合。最不适合当基地的是河川里的沙洲。沙洲两侧都是水，一旦上游下雨就很容易被冲垮。

野外生存技能

如果有纸箱，可以把它铺到地上当地毯，这样可以防止体温下降。还可以用它当基地的屋顶。

base

制作切东西的工具！

基本的野外生存技能

如果没有带刀具，就必须自己动手制作了。制作食物和建设基地时都会用到刀子。让我们一起来用大自然中的东西制作一把吧。

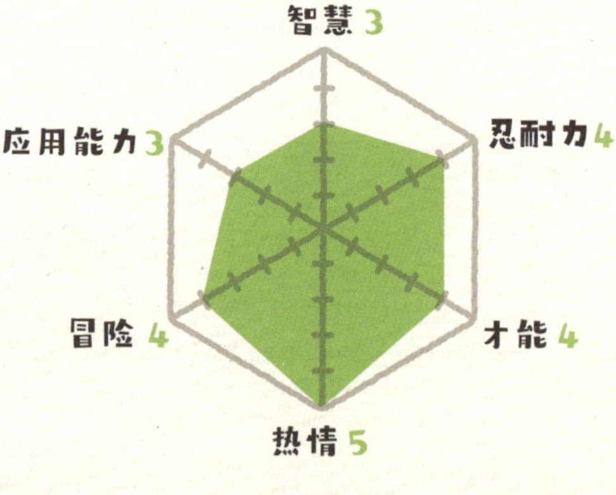

Q 要用什么来制作切东西的工具？

我不用刀子，用牙就能咬断。

我在海岸上捡到一个空罐头盒，它的盖子应该可以做刀子吧。干这种手工活真让人兴奋呢！

如果找到比较厚的金属片，表面用平坦的石头打磨一下就能当刀子用。下面我们尝试用空罐头盒的盖子做刀子。

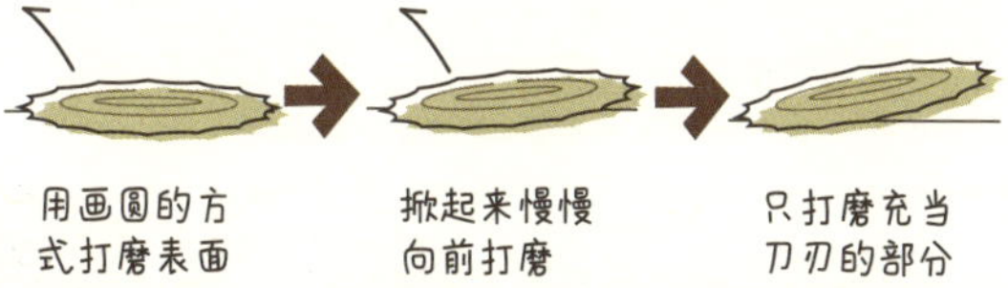

用画圆的方式打磨表面
掀起来慢慢向前打磨
只打磨充当刀刃的部分

不断打磨……呼！
这样应该就可以了吧？我切！

我们来比比谁的更快吧！那棵树我用牙就能咬断哦！

野外生存技能

像玻璃碎片和贝壳这类东西，都能用来做刀子。烹饪食物也需要用到刀，所以要早些做出来哦。

Q 什么是石器？

用河边的石头可以做出非常方便的工具（石器）。

这块石头怎么样……平平的看起来好像能用得上？

哦，打水漂应该不错！嘿！
才3回……弹跳性不太好啊……

等一下，这是我好不容易找到的石头！

有些石头可以直接当石器使用，有些需要跟其他石头碰撞，让它变成尖锐的形状。所以选择石头时要尽量选择能撞碎的，形状最好是平坦的。

详细解说

石头之间撞击而成的石器叫“打制石器”，被其他石头打磨而成的石器叫“磨制石器”。打制石器比较尖锐，但很容易碎。磨制石器不怎么尖锐，但比较结实。

打制石器是击打成的，磨制石器是打磨成的。

Q 怎样制作石器？

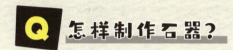

一只手握住用来制作石器的石头，另一只手拿着充当锤子的硬石头向下砸。注意要倾斜着砸。

石器的制作方法

①一只手握住制作石器的石头，另一只手拿着硬石头向下砸。

②重复以上步骤，慢慢砸出想要的形状。

③翻到另一面，用同样的方法继续砸。

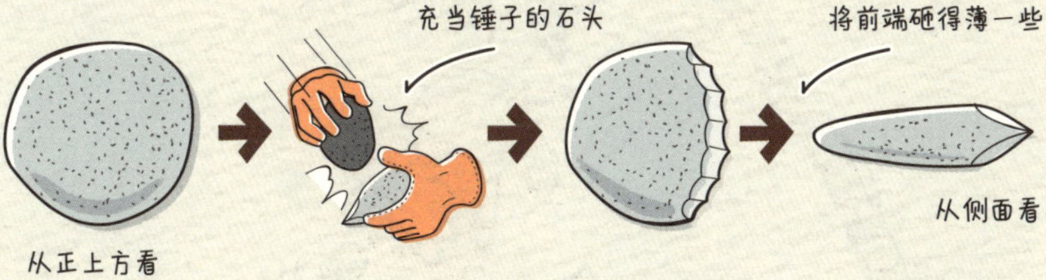
充当锤子的石头
将前端砸得薄一些
从正上方看
从侧面看

Point

做好的石器可以用来砍树枝，还可以充当刀子或斧头。

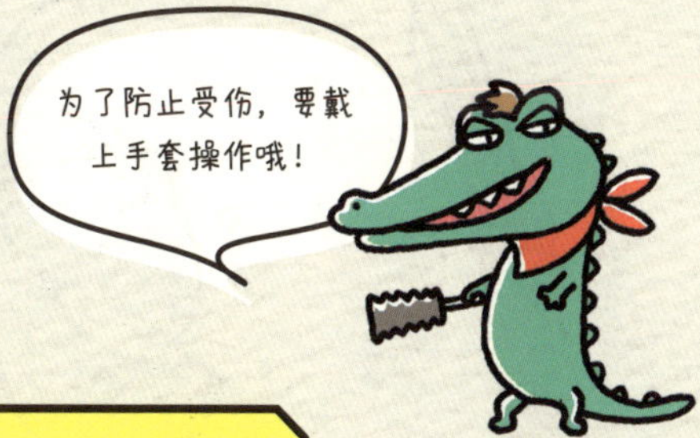
为了防止受伤，要戴上手套操作哦！

做好了！虽然形状不太好看，但挺锋利的，就这样吧。

那赶快再打一次水漂……我扔！哦，这次跳了20回呢！

哇……你干什么啊！

用植物制作绳子！

基本的野外生存技能

植物也是搭建基地的材料。特别是用藤蔓或茎做成的绳子，可以用来拴木头，是不可或缺的工具之一。让我们根据植物的性质，做出结实耐用的绳子吧。

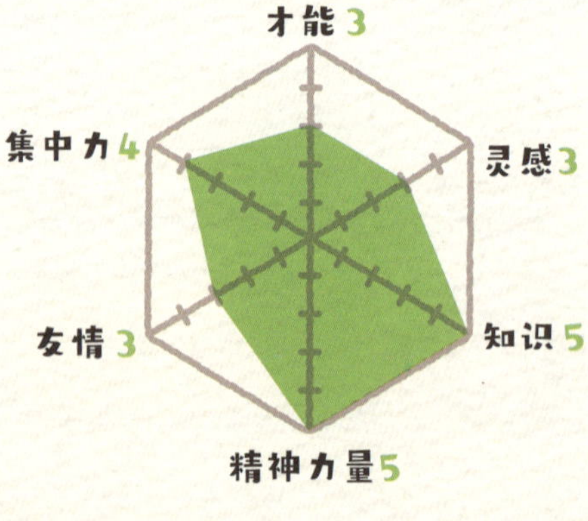

Q 哪些植物可以用来做绳子？

我想摘那个椰子，但是太高够不着……

用叠罗汉的方法应该能够到吧？
来，咱们快试试。

我在底下支撑，你上去吧。

谢谢，那我就不客气了！
啊，你头上有好多刺！好疼啊！

用植物做一根绳子，就都解决了。有一种名叫“苎麻”的荨麻科植物，河边长着很多，有些空地上也有。

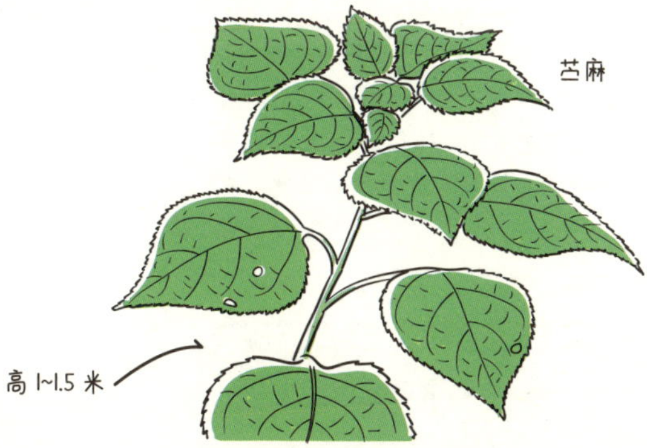

野外生存技能

葛麻和灯心草等植物能用来做绳子。还有柳杉树皮的纤维，也可以做绳子。

Q 用植物的哪个部分做绳子？

哇！好期待做绳子呀！

要用苎麻的哪个部分？
最长的茎？还是叶子？

叶子用不到，先把它们摘了吧。戴上手套上下撸几下，叶子就掉了。

苎麻的准备工作

①将苎麻的叶子都摘掉，只剩下茎。
②把茎放到水里泡1~2小时。
③将茎外侧的皮剥下来。
④将皮撕成几份，准备工作就完成了。

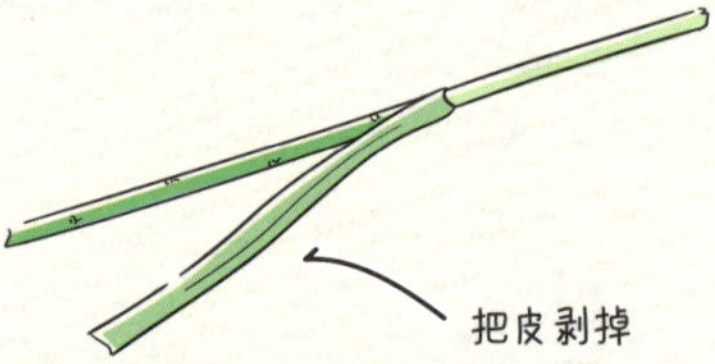

Point

先在茎的正中间折一下，皮更容易剥下来。还可以从靠近根的那边剥。制作绳子需要很多皮，要尽量找到快速剥皮的方法。

原来不是用茎，是用最外侧的皮。

这层外皮叫作“纤维”，它虽然细，但非常有韧性。将几根纤维编到一起，就会变成非常结实的绳子。

Q 怎样制作绳子？

下面教大家制作绳子的步骤。
我们要将很多皮编到一起，做成一根绳子。

苎麻绳子的制作方法

①将几根皮捋到一起，然后平均分成两份并打上结。

②拧成一束后，再跟另一束交叉，然后再拧到一起。

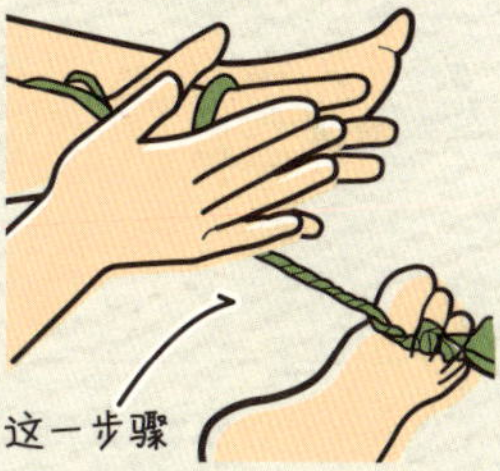
重复这一步骤

③皮变短后，再接上一段继续拧。

接上继续拧

④做成了一根结实的绳子。

Point

刚开始不要套到脚上拧，等绳子有一定长度再套到脚上拧，这样更便于操作。

有了绳子就会方便很多！

Q 绳子之间要怎样打结？

学会绳子间的打结方法后，就可以将短绳子接成长绳子用了。

平结

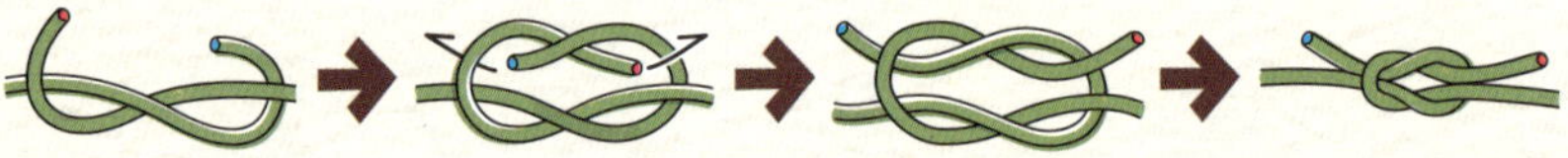

Point

两根绳子的粗细和材质相同时，可以用这种打结方式。解绳子的时候，只需将其中一根绳子按原路穿回去，再用手一拉就开了。

单编结

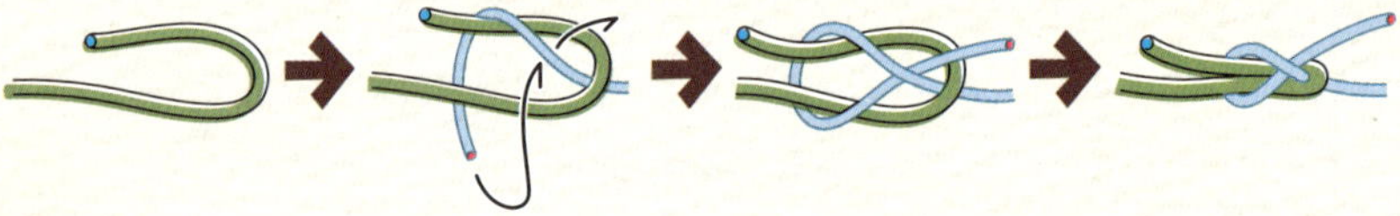

Point

两根绳子的粗细和材质不同时，可以用这种打结方式。用这种方法，可以将钓鱼线那种又细又滑的线跟棉线拴到一起。

以上这两种是非常基础的打结方式，大家要记下来哦。

Q 绳子和其他东西之间要怎样打结？

双半结

Point

只要绳子处于绷直状态，双半结就不会开。绳子松下来又很容易解开，所以使用起来非常方便。

丁香结

Point

这是搭建基地时最常用的打结方式，能将绳子和木材牢牢地拴在一起。

单套结

Point

套的大小是不变的，一般在停船或吊着人时使用。

Q 怎样将木材拴到一起？

很多将木材拴到一起的打结方式都是以“丁香结”为基础发展而来的。只要掌握好基本功，就连避难所的屋顶和地板都能用打结的方式制作哦。

方回结

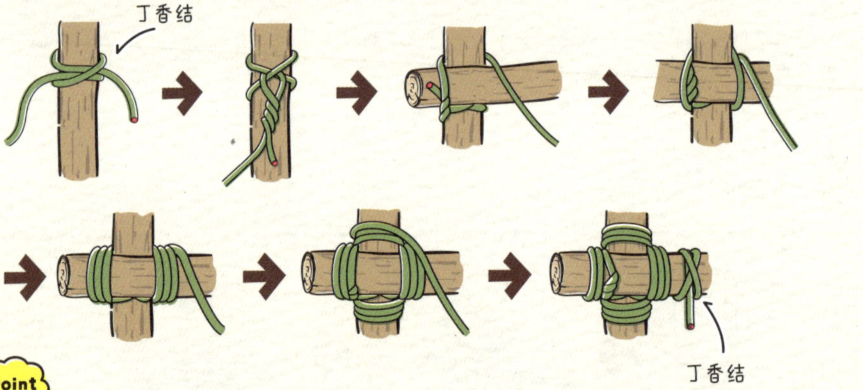

Point

将木材以直角的形式拴到一起是最常用的打结方式。

剪刀结

Point

将两根木材的顶端拴到一起的打结方式，制作屋顶时经常会用到。

交叉结

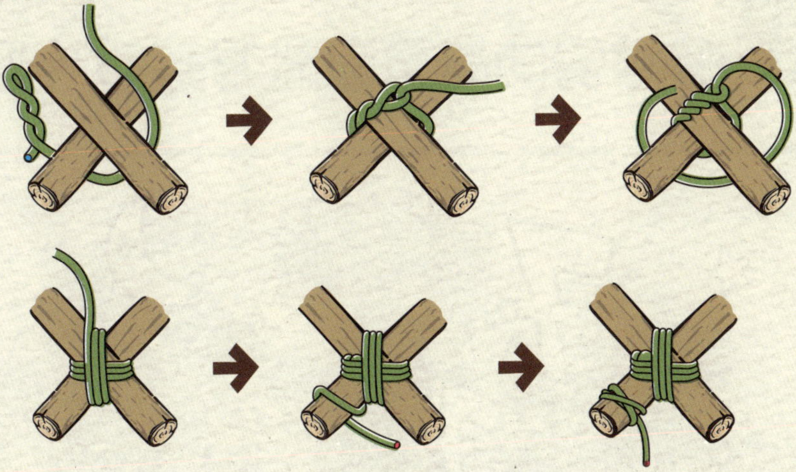

Point

将木材交叉着拴到一起的打结方式。

地板结

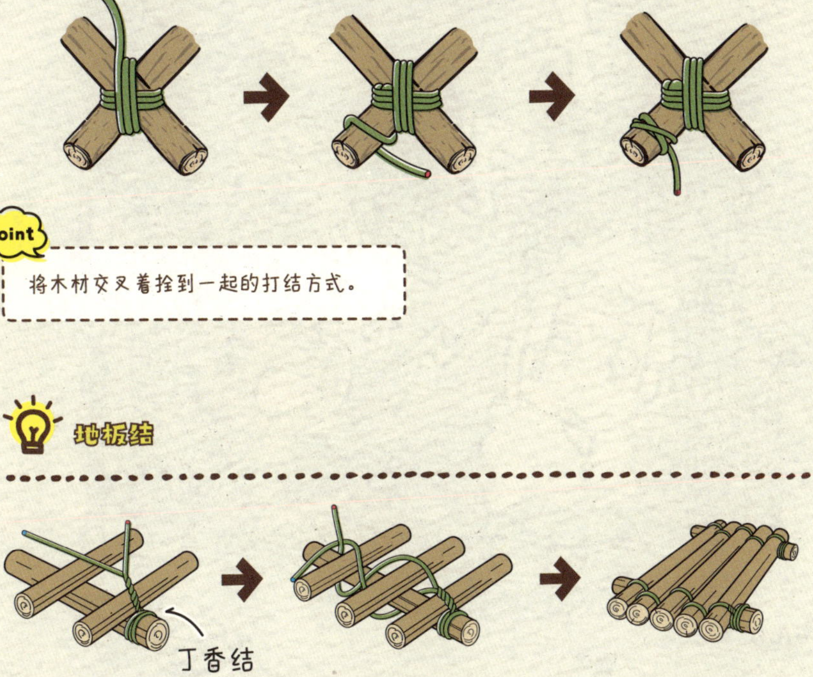

Point

制作地板、桌面等平面时常用的打结方式。组装的时候要将木材一根一根地固定好。

以上就是搭建避难所会用到的“绳子打结方式”和“木材捆绑方式”。之后还会继续教大家搭建避难所的方法！

base

将睡觉的地方布置得舒适一些！

基本的野外生存技能

晚上气温本来就比白天低，如果再有些风雨，体温下降得就更快了。另外，一些野生动物也喜欢在晚上活动，所以一定要趁着天还没黑就布置好睡觉的地方。

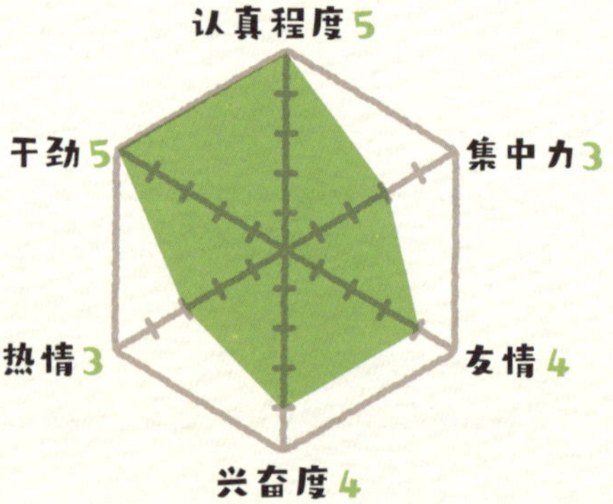

Q 怎样简单地布置睡觉的地方？

今天白天应该做不完屋顶和床了吧？
现在天已经快黑了啊……

没有屋顶正好能欣赏美丽的星空，真是件令人兴奋的事啊！

在时间不充足的情况下，可以先找到一处树木茂密，能遮风挡雨的地方。再往周围放一些树枝或草，就更能起到防风的作用。

太阳下山之后，气温下降了很多啊……
（哆嗦哆嗦……）

可以收集一些落叶，铺在地上当床铺。直接接触地面会导致体温下降，而且湿气也会传到身上。找一处平坦的地面，铺上大量的落叶，这是在野外睡觉最起码要准备的东西。

真的呀！挺暖和的！
身上再盖些叶子，像烤红薯一样。

野外生存技能

沙滩上风比较大，而且容易起沙尘，所以不适合睡觉。再加上有涨潮，如果不计算好时间，很可能被潮水弄湿。

Q 怎样制作屋顶？

夜里果然很难受啊……
哪还有心情看星星啊……

昨晚又是刮风又是下雨的，真够呛……

咱们赶紧做一个屋顶吧。

我来教你们组装木材的基本方法。先看看完成的状态，心里有个底。

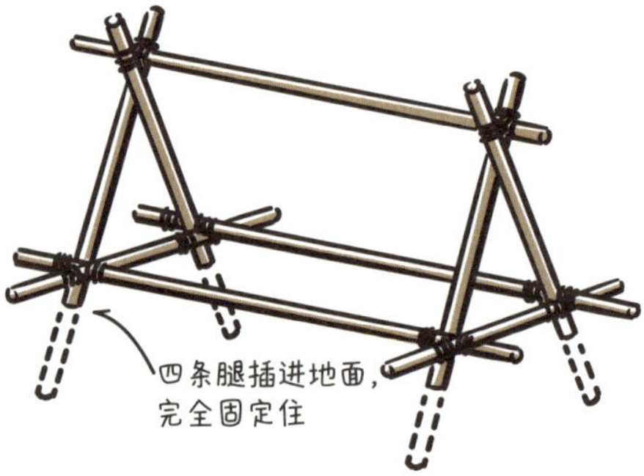

哇哦！真能做出这样的东西，就太厉害了！

确实很帅……但难度是不是有点高啊？

一点都不难。主要是连接木材，只要用之前学的“剪刀结”和“方回结”就能做好。

什么是A型框架？

“A型框架”的要点是在两侧做出两个竖长的三角形。在建房子或做桌子时也会用到这个技能。

A型框架的制作方法

①用剪刀结将两根木头绑在一起。

②用方回结将3根木头组合起来，组成一个字母“A”的形状。

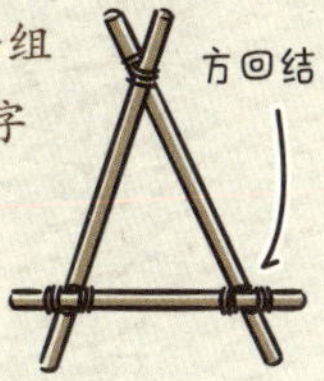

③做出两个A型框架，然后再和3根木头组合到一起。

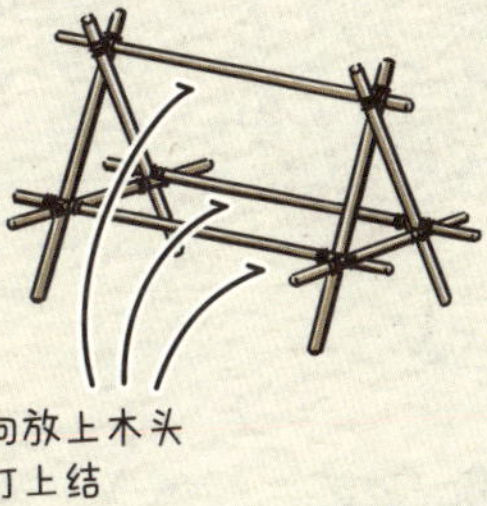

④在下方放两根木头，用交叉结绑起来，来增加整体的强度。

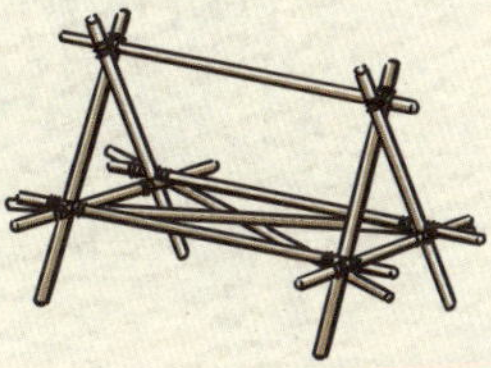

做完木头框架，只要往上面放一些带叶子的树枝或塑料布，屋顶就做好了。在下面的部分铺上一层爬山虎（常春藤），床也做好了。

夜里这么冷，再做一床羽毛被吧……（偷瞄）

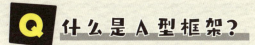

我溜了……

到厕所去大便！

基本的野外生存技能

只要是生物，就必须排便。但如果随意大小便，很可能对河流或大海造成污染。安全舒适的野外厕所，也是野外生存中很重要的东西。

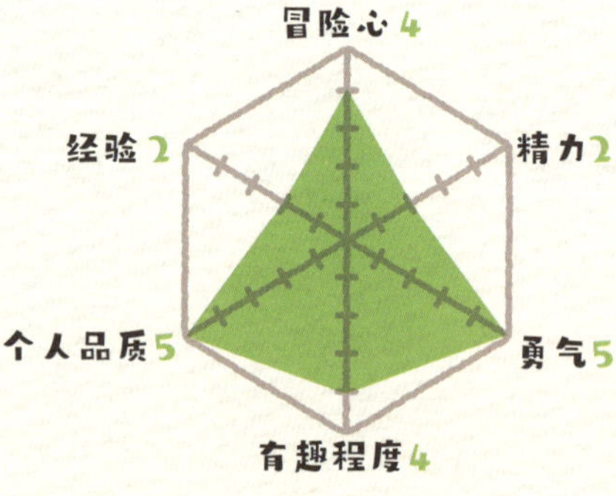

Q 怎样在野外大便？

唔——
嗯，怎么好像……有臭味啊？

你这么一说好像确实有……好臭！

呼，这下痛快了！
嗯？你们怎么了？

我说！
你要拉屎去远处拉啊！

不能在草丛里大便吗？
这里离河也很近，正好方便洗手……

厕所要选在基地的下风口（风从基地吹向厕所）。为了方便夜里去，也不能离避难所太远。

详细解说

大便时离河川、大海、池塘最少要有50米的距离，否则即使用土埋上也可能造成污染。另外，厕所最少要向下挖20厘米，这样土里的微生物才能将粪便分解。

任务 18 | 与基地相关的野外生存技能

学会辨别方向和时间！

基本的野外生存技能

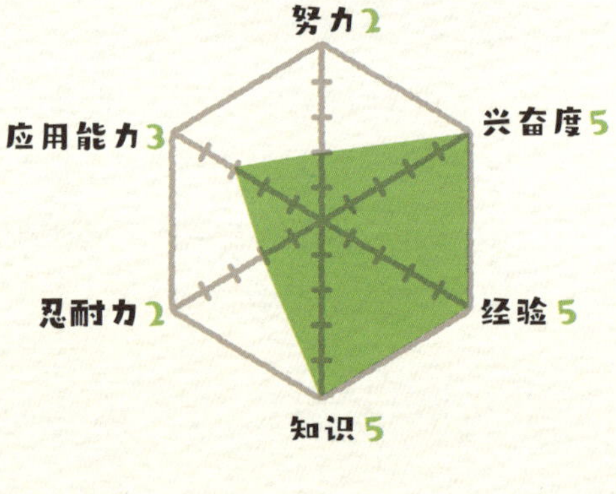

刚到一个完全不熟悉的地方，如果没有标志物就很容易来回乱走。在野外生存时，迷路是一件非常危险的事，所以一定要把握好自己所处的位置和方向，还要学会读取时间。

怎样辨别方向？

啊，这条路咱们刚才好像走过了……
现在前进的方向对吗？

唔，这边更有冒险的味道！真令人兴奋！

啊，我们是不是遇上麻烦了……

只要戴着手表就能判断出哪边是南。要点是将手表的短针对准太阳。

用手表找“南”的方法

①让手表与地面平行。
②将短针对准太阳。
③12点和短针正中的方向就是“南”。

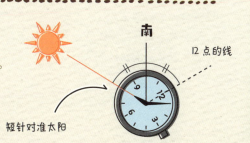

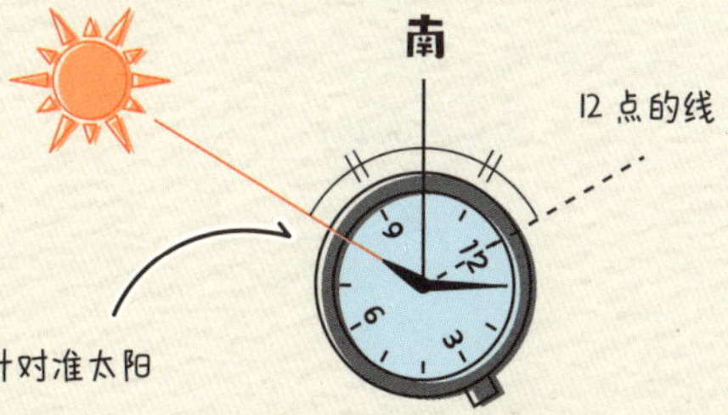

野外生存技能

这种方法只适用于北半球。如果在南半球，要将手表12点对准太阳，这时短针和12点正中的方向就是“北”。

Q 晚上怎样辨别方向？

啊，现在天已经黑了！
得赶快回到基地啊！

不，夜晚才是冒险的最好时机。
真是让人兴奋得停不下来！

晚上可以用北极星来辨别方向。北极星的位置基本不会变动，通过它就能找到北方。

用北极星找“北”的方法

①先找到由7颗星星组成的像勺子一样的“北斗七星”。

②在前方“两颗星星”延长线上第五颗星星的位置，就能找到“北极星”了。

③北极星的正下方就是“北”。

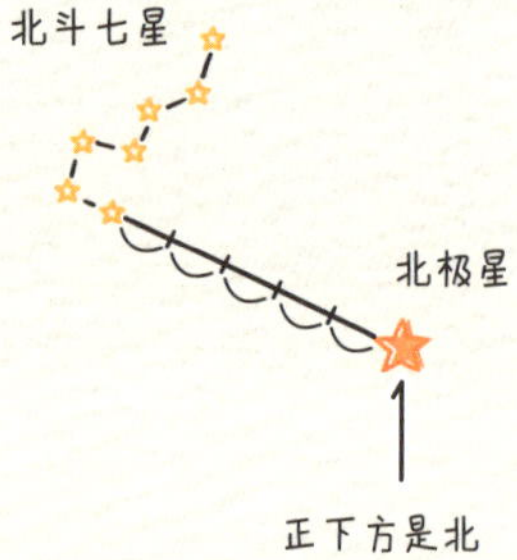

Point

这种方法只适用于北半球。如果在南半球，要寻找由4颗星星组成的十字型“南十字星”，将十字的竖线（较长的那条）延长大约4倍，这个位置的正下方就是“南”。

还可以用叶子的朝向找南方哦。

Q 在野外如何判断时间？

总算凑合了一个晚上，
但不知道时间还是很难受啊。

不知怎么回事，
手表竟然还坏掉了……

如果没有手表，可以自己动手做个日晷。只要有木棒和作为标志的石头，就能判断出大致的时间。要选择晴朗的早晨来制作哦。

日晷的制作方法

①将木棒插在一个平坦的地方。
②从太阳出来到太阳落山，在木棒影子的位置放5~6次小石子。
③影子最短时是12点，之后每移动15度就过了1小时。

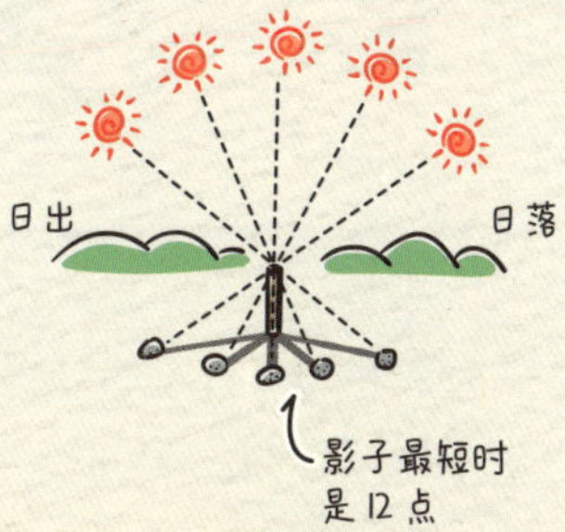

现在知道了时间和方向，也建好了安全的住所……

剩下的就是食物了！

海赛通信 ③

用海岸上的垃圾搭建了世界上独一无二的住所。这真是名副其实的海景房呀！

在决定野外生存之王的选题中，大家开始制作自己心目中的住所。

黑猩猩先生不知从哪儿拿来一根很粗的绳子。他在沙滩上把绳子卷起来，打算用它做床。

这张只用了几分钟就做好的床睡起来竟然很舒适，这让乌龟先生也感到很震惊。

与食物相关的野外生存技能

食物是人类生存不可或缺的东西。我们并不是在饿的时候猛地大吃一顿就行了，而是要保证每天摄入一定的量，才能长期地生存下去。

野外生存时，寻找食物是一件需要耐心来做的事。千万不能急躁，要一点一点地找到能吃的食物。其实我们身边有很多能吃的东西，让我们带着这种意识到野外展开冒险吧！

大自然中有很多能吃的植物。有些不用特意到山里采集，在附近的空地或河边就能找到。即使不去野外生存，在回家的路上采一些带回去，家里人应该也会很高兴吧？啊，不过不认识的植物还是算了吧。

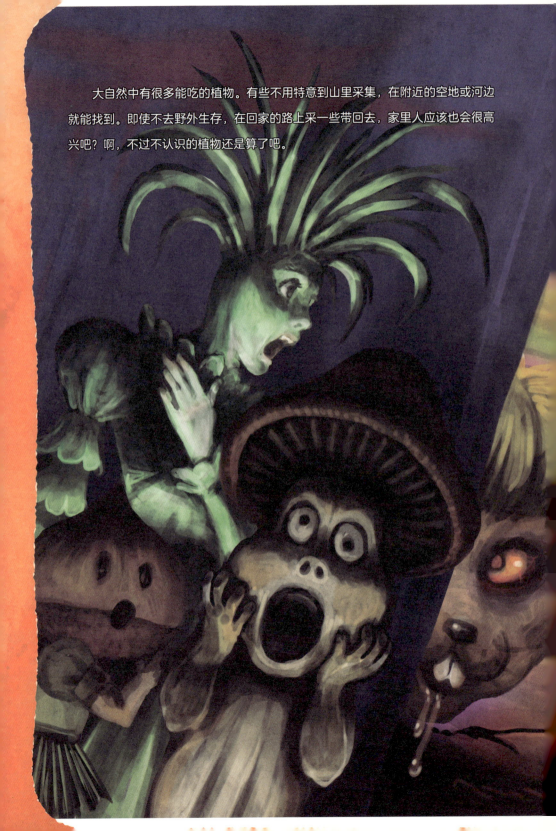

原来藏在这里啊？
找——到——你们啦！

任务 19　与食物相关的野外生存技能

一起去找能吃的植物吧！

基本的野外生存技能

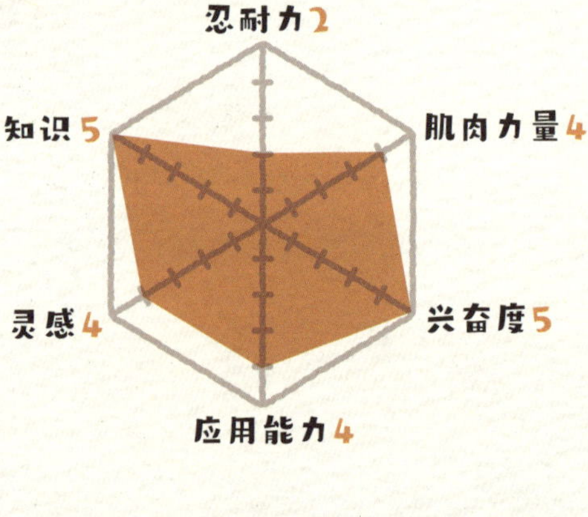

我们身边有很多能吃的植物，但也遍布着很多不能吃的植物，所以在吃之前一定要掌握一些相关的知识，碰到觉得可疑的植物，就不要吃了。

Q 什么样的植物是能吃的？

这里的蘑菇看起来很好吃！

野外生存还是不要吃蘑菇了。蘑菇很难分辨，很多熟悉山林的人都会误食。

哦，烤熟了吃也不行吗？

不行！除了蘑菇还有很多能吃的植物啊，比如……那边的蒲公英！

什么？！蒲公英能吃？！

我都不知道！你不愧是野菜王子！还有哪些，再给我讲讲吧！

看来这次不用我出场了。我一点也不觉得寂寞。

野外生存技能

蒲公英的叶子、花和根都能吃。叶子和花可以做成沙拉或天妇罗，根可以像牛蒡一样切丝炒或泡水喝。

Q 我们身边有什么能吃的植物吗？

救荒野豌豆

叶子、花、果实和嫩豆荚都能食用。可以做成天妇罗、凉拌菜或沙拉。

Point

春天的救荒野豌豆比较嫩，更容易入口。它会开紫红色的花。

薤白（小根蒜）

根长得很像藠头，可以直接蘸酱生吃。嫩叶可以用油炒着吃。

Point

主要分布在水田或田地等光照比较好的地方。根的味道很像大蒜，除了吃还能用来止痒止痛。

问荆

尖和茎都能吃。可以做成天妇罗、佐餐小菜或鸡蛋汤等。

Point

茎要选择粗一些且有叶鞘的。早春时河堤上有很多问荆。

滨海前胡

有很大的涩味，但焯水后就可以做成天妇罗或味噌汤，有很浓的香味。

Point

滨海前胡是备受瞩目的健康食品，又被称为“长命草”。一般长在沙滩或岩石后面。

Q 哪些是绝对不能吃的危险植物？

毒芹

跟我们平时吃的芹菜很像，所以经常发生误食的事故。

Point

食用后会有上吐下泻、痉挛或呼吸困难等症状，严重的会导致死亡。它长着像竹子一样的地下茎，这一点是它跟普通芹菜之间最大的区别。

乌头碱（乌头属植物）

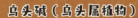

长得跟春天的野菜鹅掌草很像，所以经常有误食的事故。

Point

食用后会有手脚麻痹、呼吸困难等症状，严重的会导致死亡。

一起去找可以吃的贝类吧！

基本的野外生存技能

大海里有很多不用工具也能获得的食物，比如在海边随处可见的贝类。海滩上的岩石比较尖锐，找食物时要多加注意，千万不要把手划伤哦。

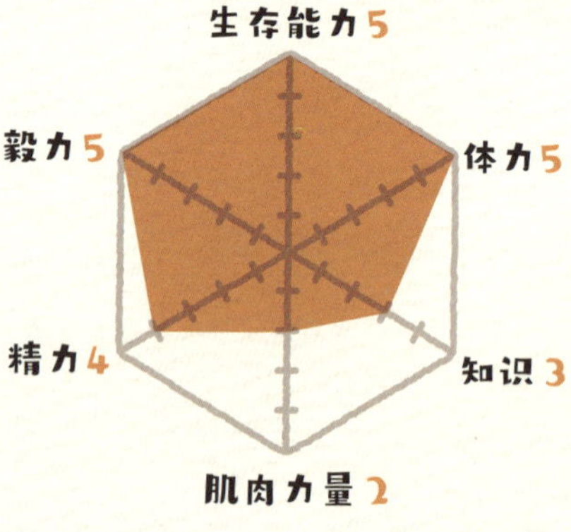

Q 贝类能填饱肚子吗？

哗啦哗啦哗啦……
我在海边找到很多贝类。

里面有牡蛎！
做成味噌汤吃吧！

牡蛎是可以直接生吃的珍贵食材。野外生存时如果找不到食物，可以先去海边找贝类。

要吃多少贝类才能填饱肚子？

光靠贝类无法提供一天所需的能量。不过只要有东西吃，就能恢复一些体力。这在野外生存中是很重要的。

详细解说

食物的摄入量跟性别和体重等因素有关，一般成人一天需要摄入1400~2000卡路里的食物。一个牡蛎大约有10卡路里。也就是说，即使吃掉100个牡蛎，也无法提供成人一天所需的能量。

Q 哪些贝类比较好吃？

松叶笠螺

用盐水煮或用黄油煎都很好吃。稍微过下热水当刺身吃也不错。

Point

一般会贴在防波堤岩壁上。用螺丝刀插入贝壳和岩石之间，就能把它撬下来。

圆草席钟螺

最常见的海螺，岩石的缝隙里有很多。退潮时更容易找到。可以用盐水煮着吃。

朝鲜珠螺

在海水洼子或海浪平静的岩石背后很容易找到。短时间内可以找到很多，味道也很棒。可以用盐水煮，也可以做成味噌汤。

Point

煮之前要先将海螺放到冷水锅中。如果直接放进沸腾的水里，海螺会因为惊吓而缩紧身体，这样就不好取出里面的肉了。

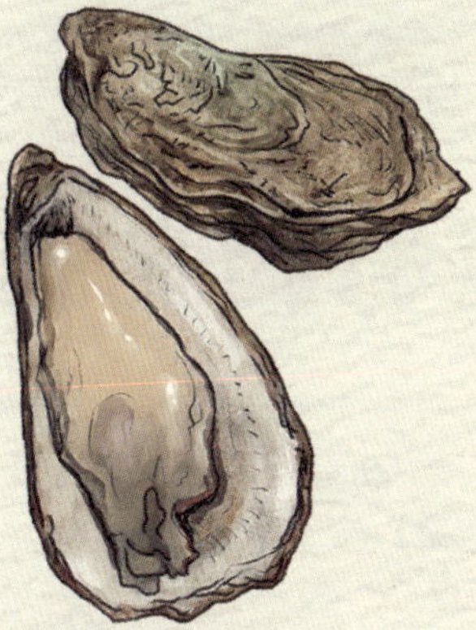

太平洋牡蛎

如果有酱油，可以稍微淋一些烤着吃。10月至来年4月的冬天是吃它的季节。

Point

这种牡蛎会贴在防波堤或岩壁上。如果有螺丝刀，很快就能弄到一大堆。

花棘石鳖

先用盐水煮熟，再用木板等工具去掉表面的8块壳板，最后去除内脏和边缘的刺，这样才可以食用。用油炒一下味道很不错。

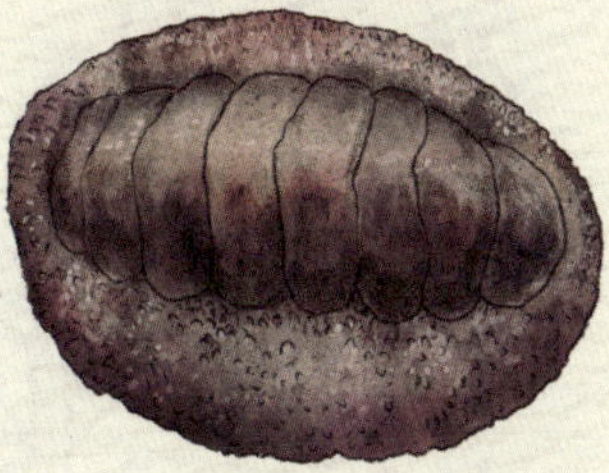

Point

它会贴在退潮时出现的岩石凹陷处。用螺丝刀就能轻松取下。

!

有些河流、大海或池塘需要得到许可才能捕捞其中的水生生物（鱼、贝类、虾等）。还要确认一下渔业权和禁渔期等。

学会制作各种各样的陷阱！

基本的野外生存技能

用陷阱能轻松地捕捉到野生动物，而且不会消耗过多的体力。做好的陷阱可以重复利用，在这个过程中慢慢改良，捕获动物的成功率也会越来越高。陷阱是长期野外生存必不可少的东西。

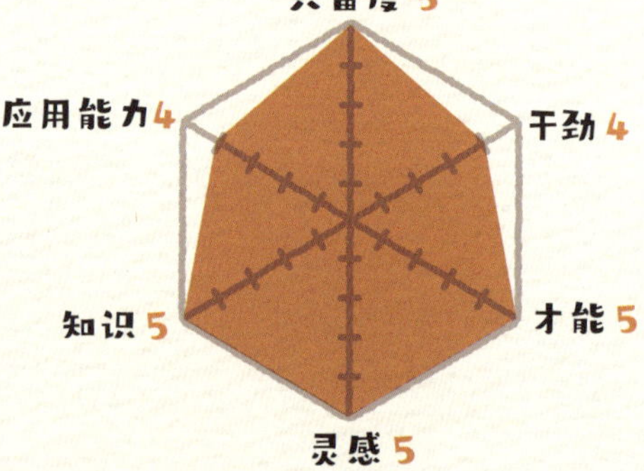

哐当！

太好了！好像有什么东西掉进咱们的陷阱了！

今晚能开烤肉派对了吧？
咱们快去看看！真令人兴奋啊！

……

……

嘿嘿，我肚子有点饿（害羞）……
能不能放我出去？

把我的兴奋感还给我啊！

！

普通民众是不能随便捕捉鸟类和野生动物的。另外，有些地区的河流和大海也禁止用陷阱进行捕捞，一定要多加注意。

野外生存技能

设置陷阱时要考虑到生物的习性和行为模式。设置的时间、位置和诱饵等都有讲究，一定要多多尝试，找出最合适的。

Q 怎样设置捕捉小鱼或虾的陷阱？

这么明显的陷阱，
野生动物是不会上钩的。

还是……有动物上钩的。

……

不要一上来就想抓到大的猎物，先来制作捕捉小鱼的陷阱吧。

其实也不用特意制作，只要将带竹叶的竹子绑在一起就行了。把它放进河里或池塘里，就能捉到小鱼或鳗鱼。要在日落前设置好，第二天早上再去收获成果。

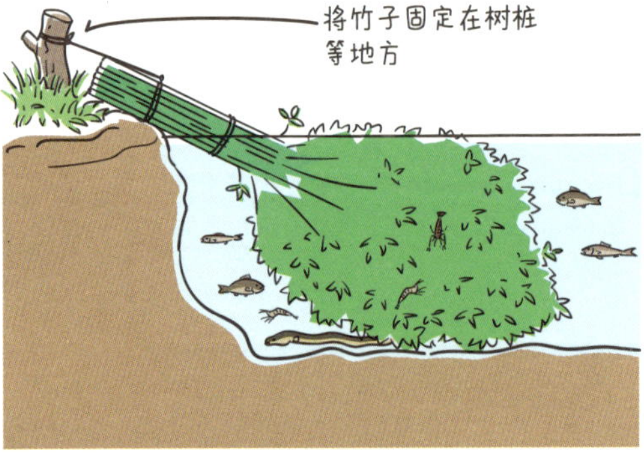

这个方法好简单！
感觉很令人兴奋啊！

Q 用塑料瓶也能制作陷阱吗？

昨天设置的陷阱捉到了好多鱼啊！

我还想在大海里设置陷阱！
有什么好方法吗？

用塑料瓶也能做出陷阱哦。这个陷阱可以捉到鱼、虾和螃蟹。不只是大海，在河流或池塘里也适用。

①将塑料瓶的上部切下来　　②翻过来插入瓶中

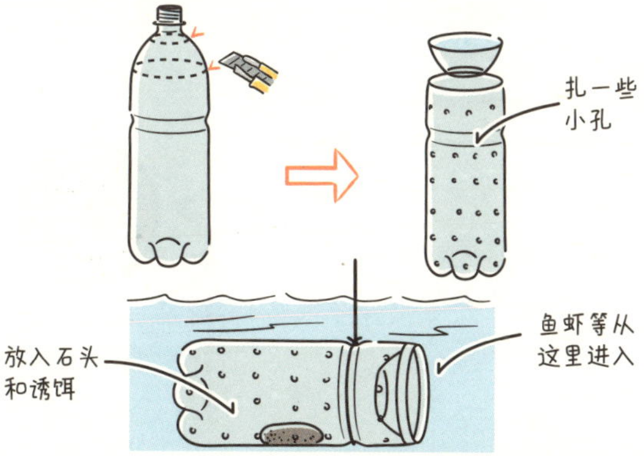

扎一些
小孔
放入石头
和诱饵
鱼虾等从
这里进入

不过，有些地区禁止使用塑料瓶或玻璃瓶制成的陷阱。如果不是遇到生死存亡的紧急情况，就不要轻易使用这种方法。

再用小鱼当诱饵去捉更大的鱼吧！比如鲨鱼之类的！

Q 什么样的陷阱能抓到小动物或鸟类？

已经捉到鱼了，还想再捉大一点的东西呢！（偷瞄）

啊……比如鸟之类的……（偷看）

绝对不告诉你们。我才不想被你们吃呢。

开玩笑啦！
怎么可能拿朋友当食物呢！（盯着）

抓小动物最好做的陷阱就是“套圈陷阱”。不过，虽然做起来简单，但想抓到猎物是很难的。

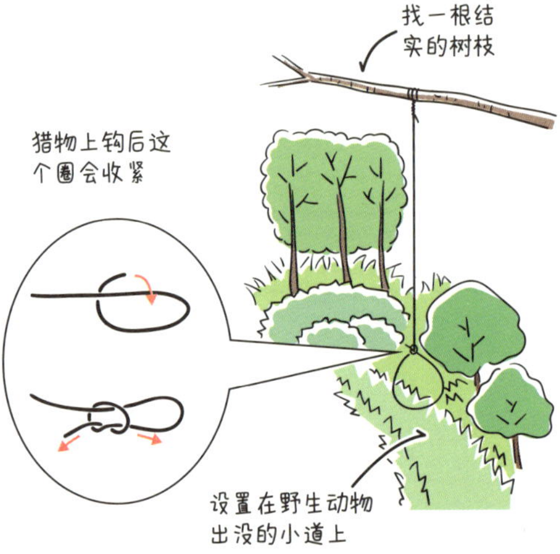
找一根结实的树枝
猎物上钩后这个圈会收紧
设置在野生动物出没的小道上

不能着急，
不能着急！

Q 为什么套圈陷阱很难抓到猎物？

因为套圈陷阱要设置在“动物出没的小道”上。这个动物出没的小道是非常不好找的。

好像没什么戏……我放弃了。

野生动物的警戒心很强，它们能敏锐地察觉到气味和外观的变化。所以，制作陷阱的材料和诱饵最好就地取材，这样就不容易被发现了。

我还是……先捉小鱼吃吧。

! 用陷阱捕捉动物可能需要特许捕猎证。而且很多山是有归属权的，即使有证也要事先征得所有者的同意。

详细解说

动物出没的小道是指因为动物经常走动而自然形成的道路。动物的粪便和足迹是寻找它们的重要线索。

处理抓到的猎物！

基本的野外生存技能

我们为了自己生存会剥夺其他动物的生命，所以吃的时候一定要带着对生命的感谢与敬畏。野外生存也是一样。为了将好不容易弄到的食物吃干净，一定要学会食材的处理方法。

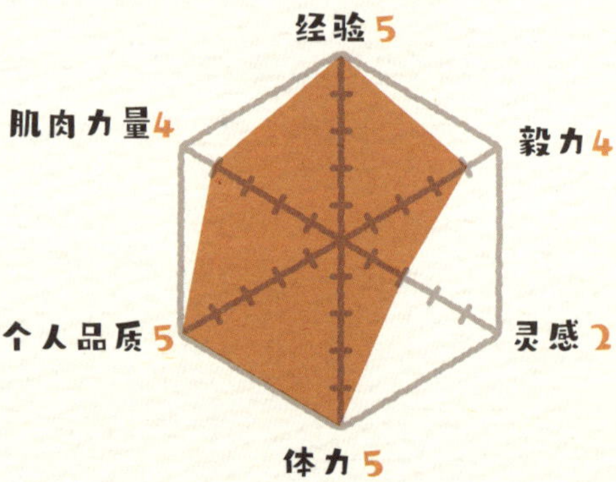

Q 不同生物的骨骼和内脏有区别吗？

好痛！乌贼里好像有什么硬东西！
硌得我门牙差点掉了……

这叫金乌贼，这个品种的乌贼体内有像贝壳一样的硬壳。

别的乌贼好像没有硬壳啊。
都是乌贼，身体构造有这么大区别吗？

当然有区别了。将猎物处理成食材时，一定要明确它的骨骼构造和内脏的位置。如果处理时将内脏弄破了，肉的味道就会变差。

哇啊啊啊！
这回又被喷了一脸墨！

乌贼的内脏里有墨囊。
里面的墨可以直接拿来烹调食物。

详细解说

生物可以大致分为“脊椎动物”和“无脊椎动物”。哺乳类、鸟类、两栖类、鱼类、爬行类属于脊椎动物，像乌贼和章鱼这种软体动物，以及昆虫这种节肢动物，还有水母和蚯蚓等，都属于无脊椎动物。

Q 怎样处理鱼类？

我知道怎么处理鱼类！

鱼类的处理方法

①用刀子将鱼背和鱼身上的鳞刮干净。

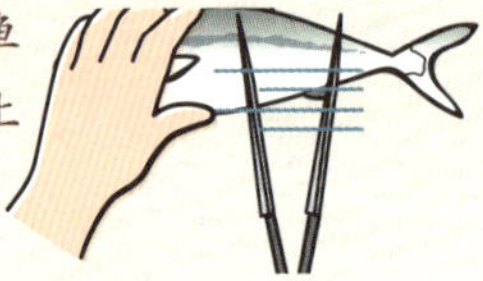
两面都要刮干净

②切掉鱼头，取出内脏，然后用水将鱼腹冲干净。

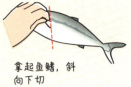

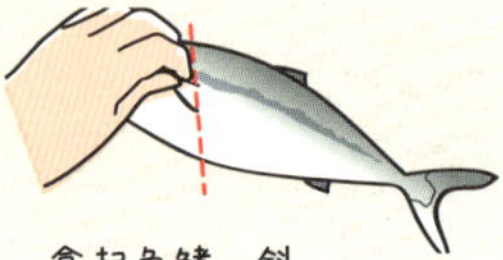
拿起鱼鳍，斜向下切

③沿着鱼刺上方将鱼肉片下来。

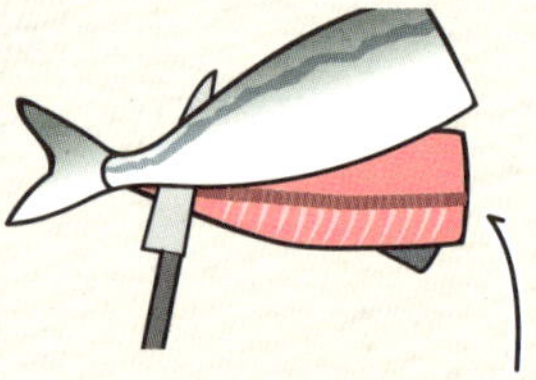
从鱼头那侧开始切

④翻过来，将另一面的鱼肉也片下来，这样鱼就处理好了。

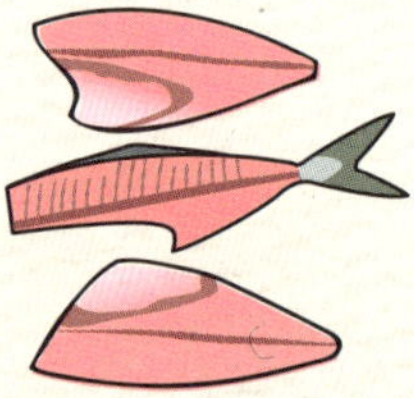

Point

鱼的种类不同，处理方法也会有些区别。比如竹荚鱼尾部附近有一种名叫“楯鳞”的刺状鳞片，处理时一定要去掉。大家可以多尝试处理各种鱼类。

大家也来学一下青蛙的处理方法吧。
因为青蛙也是珍贵的蛋白质类食材。
①用刀在青蛙的腹部划一下，然后剥掉全身的皮。
②切掉青蛙的头部，再将腹部切开，取出里面的内脏。
③用水冲洗一下青蛙肉，就算处理完了。

Q 怎样处理乌贼？

下面教大家乌贼的处理方法。
操作比较简单，大家都可以尝试一下。

乌贼的处理方法

①将手伸入乌贼体内，拉断连接处并连同内脏一起拽出来。

乌贼体内也要用水冲洗

②从眼睛下方将乌贼的腕切下来，然后展开腕，将嘴（很硬）取出来。

用刀将腕上的吸盘片下来

③用手将乌贼身体上的肉鳍拽下来。

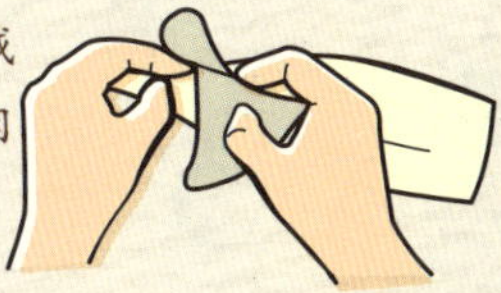

④乌贼的身体、肉鳍和腕处理完毕。两条比较长的触腕要先切下来。

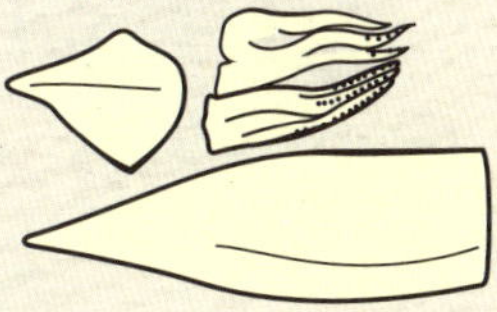

Point

乌贼很容易变得不新鲜，而且活着时还会吐墨，所以，抓到乌贼后要赶紧进行处理。乌贼两只眼睛中间稍微偏上的部分有两个致命之处，用手指使劲按一下就能使其毙命。

如果能处理蛇就好了！
①切掉蛇的头部。
②从切开的地方开始剥蛇皮。
③取出内脏后用水冲洗，就算处理完了。

将食材烹调成美味的食物！

基本的野外生存技能

如果野外生存只能找到少数几种食材，每天都吃差不多的东西，很容易觉得腻。所以我们要尽量多学习一些烹饪方法，将食物做得好吃一些。

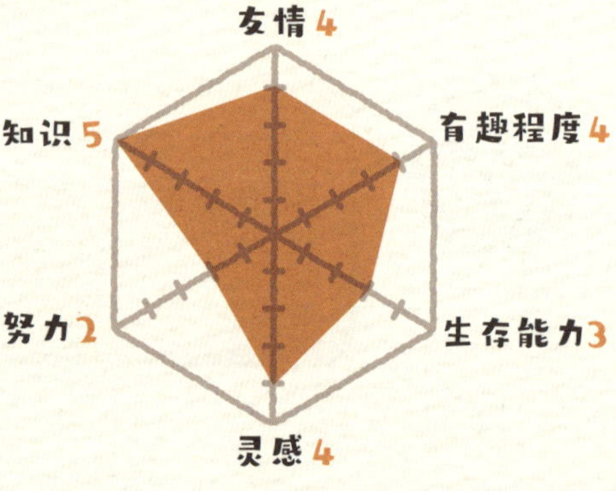

啊——
鱼全都烤焦了啊！

呸……外面烤焦了……
但里面完全没烤到，还是生的！

刚生完火，火力还处于不稳定的状态。稍微过一会儿，等炭整个变白以后，火力就稳定下来了。这时就比较适合做饭了。

烤鱼有什么好方法吗？
我们只是用木棍将鱼穿了起来……

烤鱼时要用远火慢慢烤。可以将木棍插在稍微离火远一点的地面上，这样里面也能完全烤熟。

那烤焦的鱼要怎么处理？

再想想办法……

野外生存技能

木柴靠食材越近，火力越大。相反，木柴离食材越远，火力就越小。

Q 有没有其他烹饪方法？

有没有那种……
比较特殊的烹调方法？

现在除了生吃，就是用火烤着吃。

那我就教你们一种将食材埋到土里烹调的“土烤箱”法吧。

土烤箱的制作方法

①挖一个能容纳食材的坑，然后用石头填平。

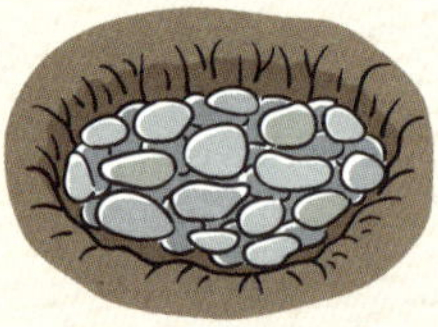

②在石头上生起火，燃烧30分钟左右。

③用香蕉叶包住食材，放到石头上。

④用土埋起来，在土上生起火，烧1~2小时。

Point

将红薯、洋葱等蔬菜也一起放进去烤，味道会更好。可以尝试用这种方法烹饪各种食材。

用这种方法烹饪食物，只要将食材放进去烤就行了，不需要人一直盯着。这样慢火烤出来的东西比较好吃，而且能一次烹饪很多食材。不过刚开始不习惯，可能经常会失败。

经常……失败啊。

失败次数……比较多。

听起来很有意思！
能烤成什么样呢，真令人兴奋啊！

那今晚就找人来试试吧。

……

……

大家都不想试啊！

失败是冒险中常有的事！

学习食材的保存方法！

基本的野外生存技能

野外生存时不一定总能找到食物。有时遇上坏天气，或是身体状态不好，就没法去找食物了。为了应对这种特殊情况，一定要学会食材的保存方法。

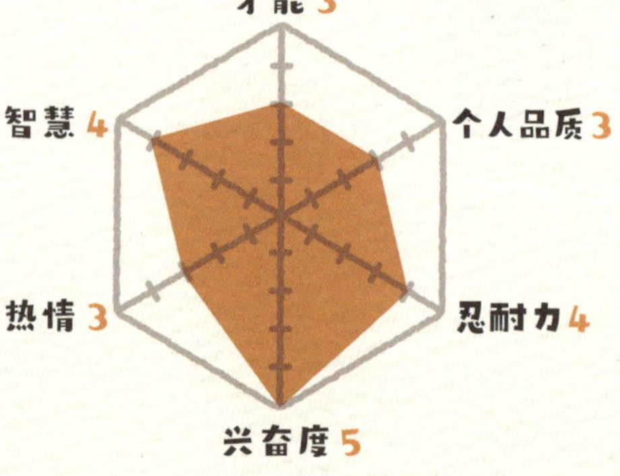

为什么食物会腐坏？

不好了不好了！
昨天捉到的鱼招了很多苍蝇！

什么？！我还以为今天也能吃上鱼呢！

天气这么热，把鱼直接放在外面，当然会坏掉了。

可是这里没有冰，也没有冰箱啊……

把食物处理一下，就能“长期保存”了。比如肉类，只要处理好，就算没有冰箱也能长时间保存。

我早就想学习食物的保存方法了！
这样下雨天就不用发愁没得吃了！

详细解说

食物会腐坏是因为上面有大量肉眼看不见的细菌，吃了这样的食物，会对人的身体产生不良影响。细菌也是生物，它们一旦发现含有水分和营养物质的食物，就会开始大量增殖。

Q 怎样保存食物？

为了防止食物腐坏，一定要做好以下3项工作。

Point

①充分晾干……去除食物上的水分，防止细菌增殖。
②用盐腌制……让食物上的细菌脱水，防止细菌增殖。
③用烟熏制……用燃烧的木头冒出的烟将细菌杀死。

看来去除水分是重中之重啊！

对。下面我教大家一种用海水制作肉干或鱼干的方法。这种方法没有用到火。

肉干的制作方法

①将肉切成薄片，再切掉上面的肥肉。
②在海水里浸泡一晚。
③放到太阳下晒成肉干。

将海水浸泡过的肉放到太阳下晒干

Q 鱼也能处理成长期保存的食材吗？

鱼干的制作方法（一夜干）

①刮掉鱼鳞，取出内脏，从中间对半切开。
②在海水里浸泡20~30分钟。
③放到阴凉通风的地方晾6~12小时。

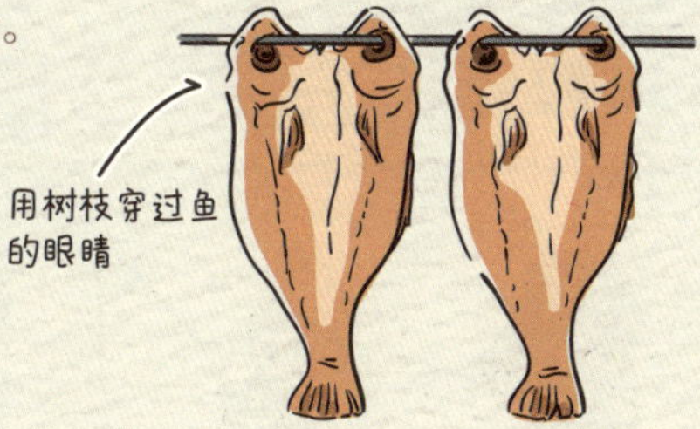

Point

做鱼干时，要将鱼从中间对半切开，其中一半保留鱼刺。还要将鱼身上的血和水都擦干，然后再拿去晾晒。

晾成干后，鱼和肉都会变得更美味。
吃的时候再用火烤一下，味道会更上一层楼。

顺便问一下，晾好的鱼干和肉干能保存多长时间？

在不放入冰箱的状态下，肉干能保存2~3周。但是鱼干在户外比较容易坏，所以最好在1~2天内吃完。

好，我们去捉用来做鱼干的鱼吧！
不装满鱼箱就不回来！开工！

海赛通信 ④

到底是上天的恩惠，还是恶魔的恶作剧？
是你的话，会毫不犹豫地吃掉吗？

吃也不是，不吃也不是，说的正是这种情况……海赛侦探团在没有携带任何食物和钱的情况下，开始挑战“不带钱的钓鱼生活”这个异想天开的冒险。而且，为了离开小岛，他们还要靠卖鱼赚钱来买船票。

对这次冒险发起挑战的是老鼠先生和鳄鱼先生，他们不但没钓到鱼，作为钓鱼初学者的老鼠先生还将鱼饵全都撒进了大海里。这件丢脸的事被后世称为“鱼饵失落事件”。

后来老鼠先生和鳄鱼先生捞到一条死掉的小鼻绿鹦嘴鱼，当天晚上他们就把它用水煮了一下，然后跟番茄罐头一起做成了意式水煮鱼。据说这道菜非常难闻，而且没什么味道。

与危险生物相关的野外生存技能

其实我们身边就有带剧毒的危险生物。如果不小心刺激到它们，就会让自己陷入危险的境地。

那些令人兴奋的冒险中当然也时刻伴随着危险，所以我们一定要事先做好准备，并且将“谨慎行动”这句话铭记于心。千万不要放松警惕，因为有时“察觉到危险时就已经迟了”。

听到危险生物这个词，大家会联想到什么生物？熊？鲨鱼？还是……人类靠着发展科学技术站在了地球生物链的顶端。不过，在大自然中，肉体凡胎的人类是非常渺小的存在。自然界有很多体形比人类小，却能瞬间夺人性命的可怕生物，这一点大家一定要铭记在心。

太犯规了吧！
快跑啊！

任务 25　与危险生物相关的野外生存技能

注意山里的危险生物！

基本的野外生存技能

进入大山或森林时，一定要谨慎行动。对于栖息在那里的生物来说，人类是贸然闯入的外来者。所以千万不要惊吓到它们，也不能随便摸它们。

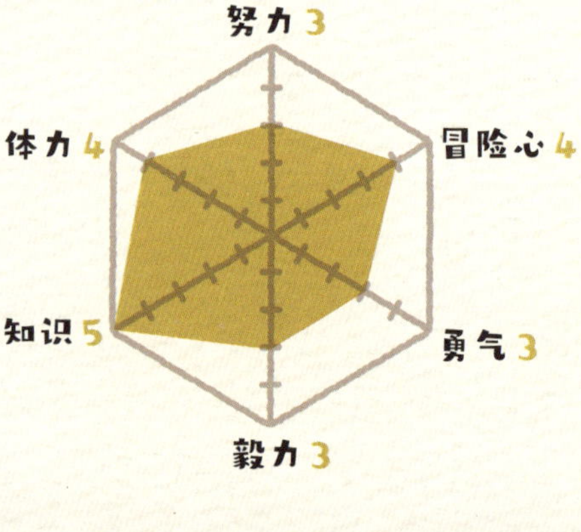

Q 进入山林会面临什么样的危险？

哈啊哈啊……感觉好热啊。
把衣服都脱了吧……

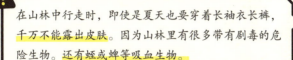

在山林中行走时，即使是夏天也要穿着长袖衣长裤，千万不能露出皮肤。因为山林里有很多带有剧毒的危险生物。还有蛭或蜱等吸血生物。

啊，我穿的是没有袖子的背带裤！

那我岂不是……光着身子……

野外生存是非常危险的。因为没有医院，稍微放松警惕就可能酿成惨剧。

哇啊啊啊！
呃，是我自己的刺啊。吓我一跳。

就算没有中毒，受伤后也容易引发感染，进而导致身体出现不良反应。所以进山时一定要万分小心。

野外生存技能

在某些时节，山林里的昼夜温差很大。这时除了要注意暑热，还要注意防寒。可以提前准备好白天穿的薄衣服和夜晚穿的防寒服。

Q 山林里有哪些危险生物？

黄绿原矛头蝮

日本本土毒蛇，长着大大的三角形脑袋。夜行性，而且很具有攻击性。体长1~2米。

Point

这种蛇白天藏在石堆或洞里，夜里就会活跃起来。有时还会爬到树上，大家进山时一定要注意头顶上的树枝。

日本蝮

为了保护自己而带有攻击性的毒蛇。体长只有45~60厘米，但体形很粗。

Point

日本蝮主要栖息在山里，但也会出没在田地、家宅等有人烟的地方。甚至还会出现在海岸的山崖上，大家一定要多加小心。

虎斑颈槽蛇

性格比较温顺，但毒性比黄绿原矛头蝮和日本蝮还强。体长约1米。

Point

这种蛇会游泳，所以一般生活在水田、河流等靠近水的地方。它的体色不是一成不变的，而是跟栖息地有关。

虻

广泛分布在各地的山林里，有些市区也有。被它叮的时候会有痛感，叮完之后的皮肤会红肿。

Point

进入山林时一定要穿长袖衣长裤，最好再喷一些驱虫的喷雾。被虻叮的地方大概会疼一周，所以一定要多加小心。

蜱

主要出没于野生动物众多的森林，还有田地和公园。被它叮咬后很容易引发感染。

Point

即使看到了因为吸血而变大的蜱，也千万不要自己动手把它拿掉。最好的处理方式是带着它一起去医院看皮肤科。

漆树

各地的山林里都有这种树，它主要生长在向阳的地方。高10~15米。用手摸它会导致皮肤红肿。

Point

进入山林时要穿上长袖衣长裤，而且不能乱碰山里的植物。如果不小心碰到了，可以冷敷一下，但是千万不要用手挠。

小心熊和野猪！

基本的野外生存技能

山林里可能会有熊和野猪。虽然它们不会刻意攻击人类，但碰到人类后，很可能因为惊吓而攻击过来。所以要尽量避开它们。

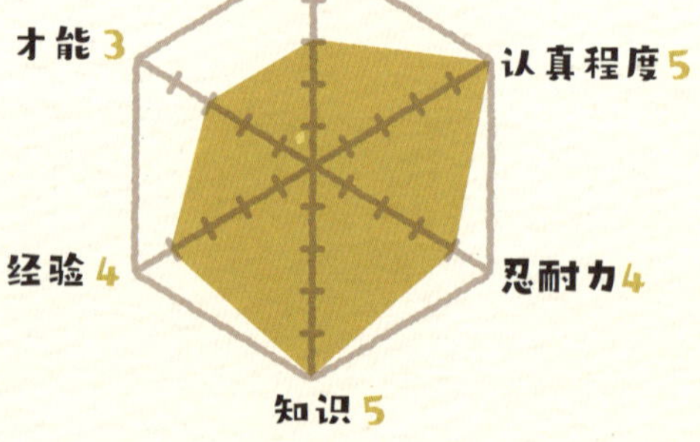

Q 在山林里要怎样保护自己？

如果在山里遇到熊，
我可能会吓得拔腿就跑……

千万不能跑。这样会惊到熊，它很可能因此而攻击你。

遇到熊应该要装死吧！

装死也不行。如果遇到熊，要盯着它慢慢往后退，千万不能背对着它。

山里的野猪也很可怕啊……

熊和野猪的性情一般都很温顺。听到人的脚步声、说话声，或是感觉到人类的气息，它们就会自己离开。所以走路时一定要发出声音，让它们意识到你的存在。

野外生存技能

千万不要独自一个人进山，最少要两个人一起行动。看到小熊一定要马上离开，因为它的父母肯定就在附近。

小心海里的危险生物！

基本的野外生存技能

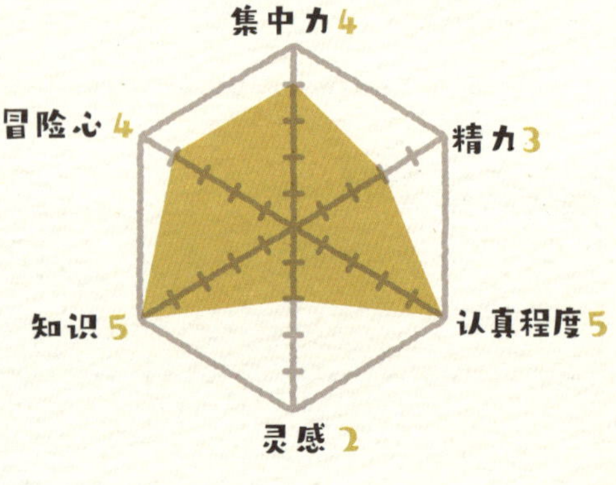

和山里一样，海里也有很多危险生物。每年都有很多海洋生物引发的事故，原因大多是人们光着脚踩到或是用手摸了这些生物。大家一定要意识到大海的危险性。

Q 海里有哪些有毒生物？

海里比较可怕的应该就是鲨鱼了吧。不过钓鱼也碰不到鲨鱼。

山里有很多毒虫、毒蛇之类的，大海应该要好得多吧！

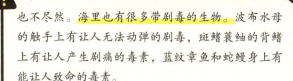

也不尽然。海里也有很多带剧毒的生物。波布水母的触手上有让人无法动弹的剧毒，斑鳍蓑鲉的背鳍上有让人产生剧痛的毒素，蓝纹章鱼和蛇鳗身上有能让人致命的毒素。

有……有这么多种毒啊！

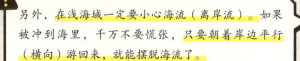

另外，在浅海域一定要小心海流（离岸流）。如果被冲到海里，千万不要慌张，只要朝着岸边平行（横向）游回来，就能摆脱海流了。

详细解说

珊瑚礁附近的鱼类很可能带有一种能引起食物中毒的雪卡毒素。雪卡毒素是一种天然的毒素，它的成因是小鱼吃了有毒的浮游生物，然后大鱼又吃了小鱼……毒素就这样一点点累积，慢慢变得很强。吃了含有雪卡毒素的鱼，就会出现呕吐、头痛、麻痹等症状。

Q 海里有什么危险生物？

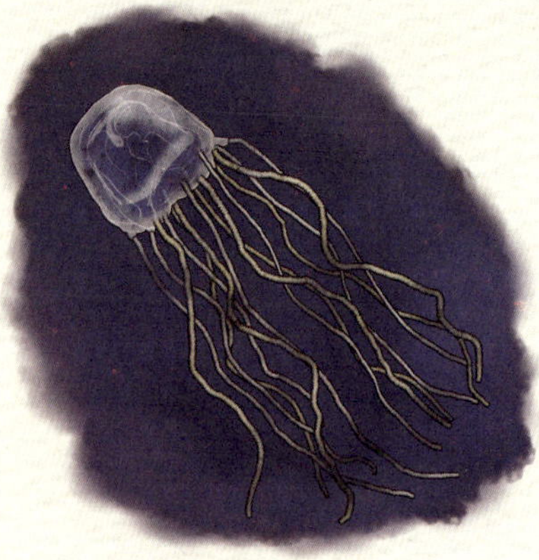

波布水母

生活在平静的浅滩中，它触手上的毒性是黄绿原矛头蝮的2倍。大小约为10厘米。

Point

7~8月是它的成长期。下海时可以穿比较薄的T恤或衬衫，尽量不要露出皮肤。日本冲绳的海边经常出现波布水母引发的事故。

半环扁尾海蛇

性格比较温顺，不会主动攻击人类，但毒性是波布水母的70倍。不擅长游泳。

Point

主要栖息在海岸附近有岩石的地方。看见它千万不要靠近，要尽快离开。

蓝纹章鱼

经常出没于浅滩的珊瑚礁附近，还有海水洼里。跟河豚一样有剧毒。亢奋时触手会变蓝。

Point

被蓝纹章鱼咬到后，毒素会传到全身，然后出现痉挛、呕吐等症状，严重的会导致死亡。所以千万不要用手摸它。

杀手芋螺

一般栖息在海中有岩石的地方，或者是珊瑚礁附近。杀手芋螺长着一个叫齿舌的器官，被它刺中会有生命危险。在有些地方也被称为“波布螺”。

斑鳍蓑鲉

海里经常看到它的身影，主要栖息在海中有岩石的地方。全长约为25厘米，背鳍上有毒。虽然外表看起来很漂亮，但千万不要用手摸哦。

花纹爱洁蟹

主要栖息在海岸上有岩石的地方。体形较小，壳只有5厘米左右，但跟河豚一样有剧毒。身体呈红色或紫色，虽然表面看起来胖墩墩的，但绝对不能吃。

长刺海胆

主要栖息在浅滩之中。刺上有毒，发现有东西靠近时会张开刺。

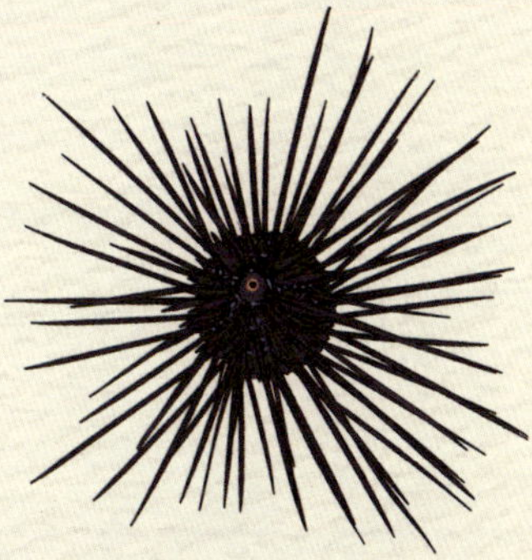

海赛通信 5

被咬到就会去另一个世界？
抓到了比黄绿原矛头蝮毒性还强的半环扁尾海蛇！

2016年12月，海赛侦探团的老鼠先生和狸猫先生来到了一座岛。跟上次只能吃死鱼不一样，这次他们不仅顺利地钓到了鱼，在海边探索时还发现了一种可怕的生物。它叫作“半环扁尾海蛇”，是一种有剧毒的海蛇。

经过几分钟的搏斗，他们终于捕获了半环扁尾海蛇。那天他们找到了很多食材，有虾蛄、海参和各种贝类。他们将这些食材一股脑儿放进锅里煮，然后美美地吃了一餐。据他们所说，这条海蛇非常美味，肉吃起来像鸡肉，皮的口感像软骨。

与救护相关的野外生存技能

野外生存时附近没有医院，携带的药品也非常有限。所以在受伤或生病时，要自己先做应急处理，否则很可能酿成无可挽回的惨剧。

除了掌握相关的知识，还要记住遇事不能慌，要沉着冷静地应对。在关键时刻，你的行动很可能救了你或小伙伴的命。

大家喜欢炎热的天气还是寒冷的天气？你可能认为，遇到热天可以开空调，冷天可以多穿衣服……但野外生存可不是这么回事。在大自然中，遇到冷天和热天，我们需要最大限度地发挥自己的聪明才智，才能生存下去。大自然的力量不容小觑！

这……这跟日本冲绳的夏天相比，
根本不算什么！
啊……抱歉，我不行了。

life

任务 28 | 与救护相关的野外生存技能

小心暑热！

基本的野外生存技能

在无人岛这样的地方，人很容易中暑或得热射病。野外生存对时间的流逝本来就没那么敏感，所以在集中精神干活时，一定要时刻注意自己的身体状况。

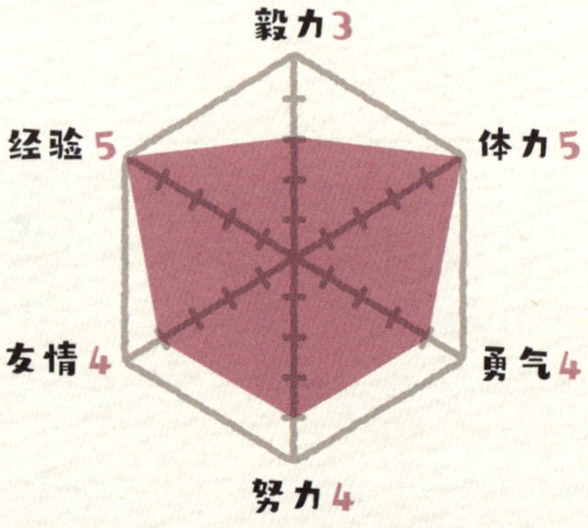

Q 遇到炎热的天气要怎么做？

话说这天也太热了吧！
我都有点晕了。

遇到炎热的天气，要采取以下行动。

- 戴上帽子，避免太阳直射
- 尽量在早上或傍晚天气凉爽时干活
- 在阴凉处干活
- 要尽量多喝水

中暑会出现什么症状？

中暑的症状有轻重之分。

- 轻度：头晕、神志不清、肌肉疼等
- 中度：恶心、头痛、呕吐等
- 重度：痉挛、高体温、失去意识等

如果真的中暑了，要怎么办呢？

中暑后要多休息，具体操作如下。

- 转移到通风的阴凉处
- 脱掉衣服，以舒服的姿势休息
- 用湿毛巾擦脖子和腋下
- 补充水分

学会处理伤口！

基本的野外生存技能

野外生存经常会受伤，但如果对小的伤口视而不见，很容易发展到不可挽回的地步。所以在受伤后，一定要马上进行适当的处理。

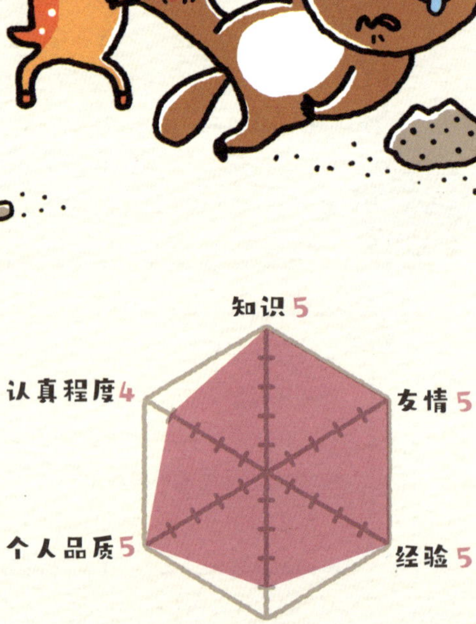

Q 出血的伤口要怎样处理？

好疼啊……岩石把我的手割伤了。抹点口水应该就好了吧。

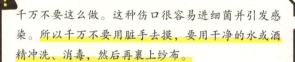

千万不要这么做。这种伤口很容易进细菌并引发感染。所以千万不要用脏手去摸，要用干净的水或酒精冲洗、消毒，然后再裹上纱布。

哪有干净的纱布啊？

如果没有纱布，可以将布放进沸腾的水里煮一下，来代替纱布。

Q 脚受伤了怎么办？

好痛，刚刚我摔了一跤，扭到脚了……

脚扭伤或撞伤了，要先找个稳定的姿势休息一下。如果有内出血或红肿等症状，再用沾湿的布冷敷。

野外生存技能

扭伤后将腿抬到比心脏高的位置，脚就不容易肿了。例如可以坐下来，然后将腿放在帆布包等东西上。

任务 30　与救护相关的野外生存技能

寻求救援！

基本的野外生存技能

如果不幸被冲到无人岛上，千万不要破罐子破摔。附近可能有船经过，所以，要时刻做好呼救的准备。这时，世界通用的救援信号就派上用场了。

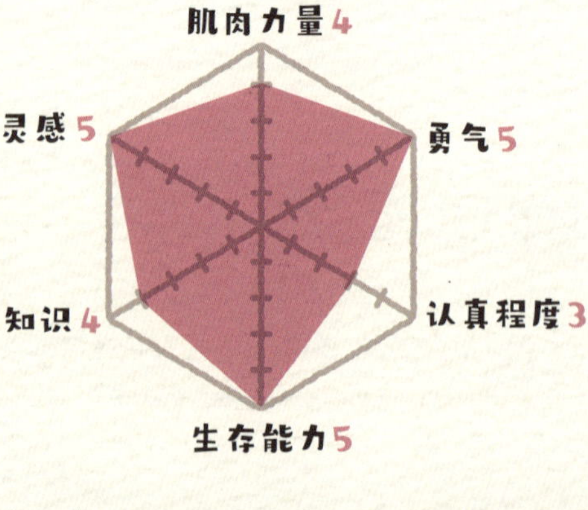

Q 怎样寻求救援？

我们差不多该离开这里了吧！

已经尝试做了木筏，但浪太大了，靠我们自己恐怕很难逃出去……

咱们直接移居到这里算了！
移居生活，想想就令人兴奋呢！

话说……一周前我看到远处似乎有船经过。

我昨天也看见了！我向他们挥手来着，但可能太远了，他们没有察觉……

光是挥手，对方根本不知道你在求救啊。

那要怎样向他们求救？

“SOS”是世界通用的求救信号。还有在远处或黑暗处向人求救的方法。

野外生存技能

在海水浴场溺水后，可以“伸出一只手左右大幅度地摆动（求救信号）”。做这个动作时，一定要抓住漂浮的东西。

Q 怎样向远处的人求救？

如果远处有人，
要怎样向他们求救？

吹口哨行吗？
哔——

向远处的人求救时，要弄出三股烟。三股烟同时升起，就等同于“SOS”。这也是世界通用的求救信号。

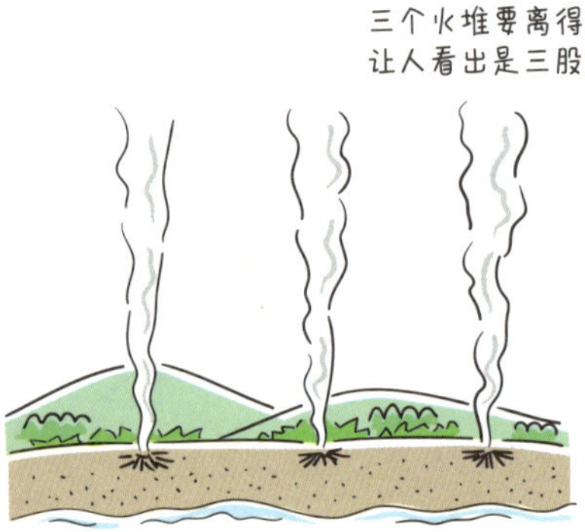

但我们平时生火，好像没有这么浓的烟啊？

新鲜的木材（没有干枯的木材）里有很多水分，用它烧火就能冒出很浓的烟。顺便说一下，轮胎燃烧时也会冒出浓烟。

Q 晚上怎样向人求救？

晚上能向人求救吗？

晚上向别人求救时，可以用光或声音发送“摩斯密码”。

嗒— 嗒— 嗒—

● ● ● ▬ ▬ ▬ ● ● ●

嘀 嘀 嘀 嘀 嘀 嘀

详细解说

摩斯密码是用“嘀（短）”和“嗒一（长）”的组合来表示数字或字母的世界通用信号。用灯光或笛声发出“嘀嘀嘀（三短），嗒一嗒一嗒一（三长），嘀嘀嘀（三短）”的信号，就是在传达“SOS”的意思。

咚、咚、咚、咚……

嗯？哪里传来的声音！
难道是……摩斯密码？！

咚……咚……
我在找适合说唱的声音呢！

……

海赛通信 ⑥

褐蓝子鱼是领队的天敌？！
果然这次也被刺中了……

钓鲨鱼是海赛侦探团的经典项目。

他们曾经用鱼饵钓上过200千克的鲨鱼。

老鼠先生和褐蓝子鱼有一段渊源。他被褐蓝子鱼背鳍上的毒刺刺中过好几次。

海赛侦探团的领队今天也在视频的另一端拼命努力着。

与防灾相关的野外生存技能

地震、台风、龙卷风、火山喷发等，我们日常生活中可能突然碰到这些自然灾害。对，自然灾害就是突然降临的。所以，我们平时就要锻炼自己的想象力和意志力，这样在面对灾害时才能冷静地采取最恰当的行动。同时还要跟家人一起强化防灾意识，防患于未然。快跟身边的人一起学习防灾知识吧，这些知识到关键时刻能保护我们的生命。

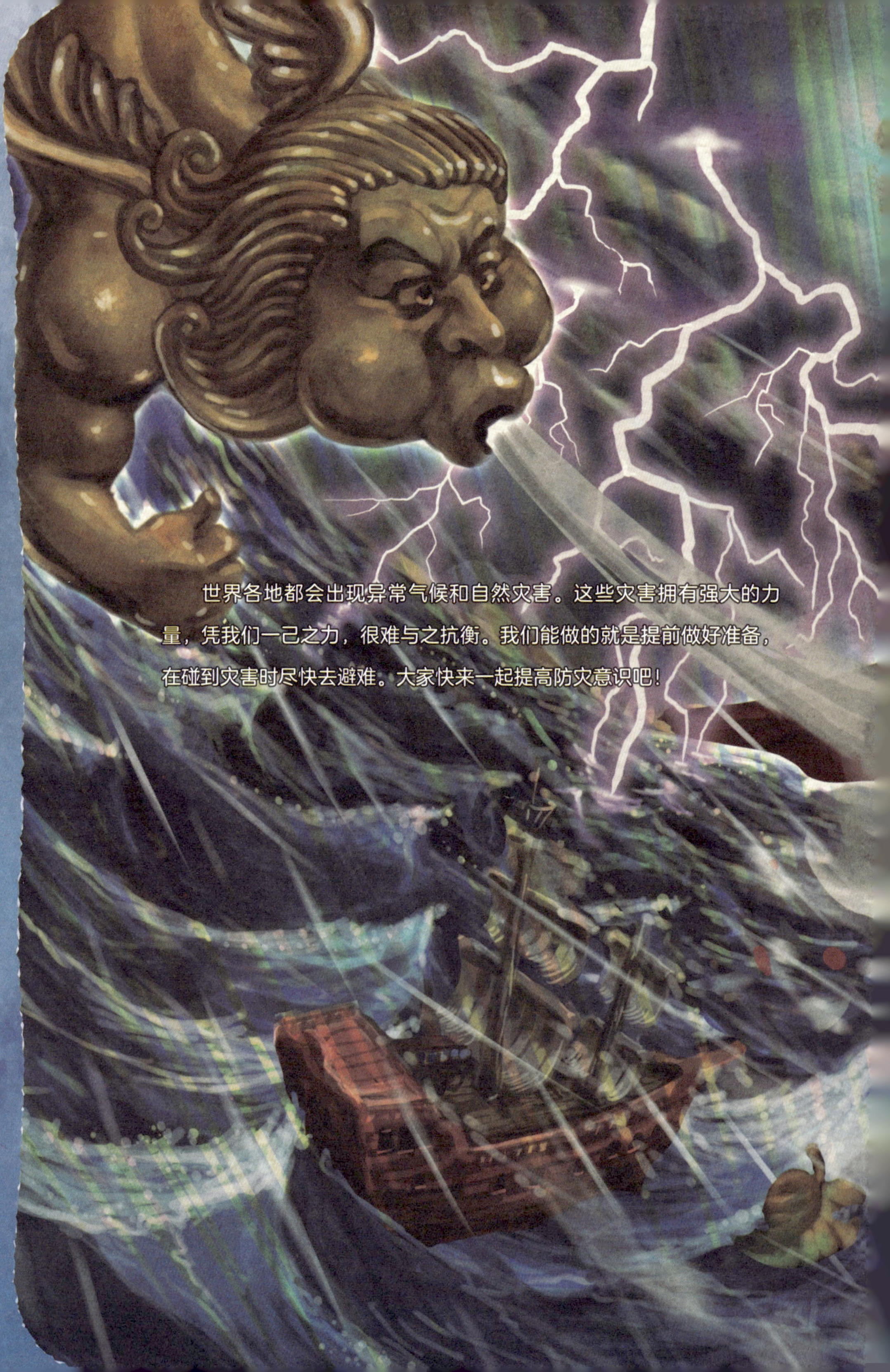

世界各地都会出现异常气候和自然灾害。这些灾害拥有强大的力量，凭我们一己之力，很难与之抗衡。我们能做的就是提前做好准备，在碰到灾害时尽快去避难。大家快来一起提高防灾意识吧！

准备，时刻准备着！

时刻准备面对灾害！

基本的野外生存技能

我们不知道什么时候会发生灾害，所以平时就要为这种“紧急情况”做好准备。因为也许有一天，我们突然就要进行野外生存了。

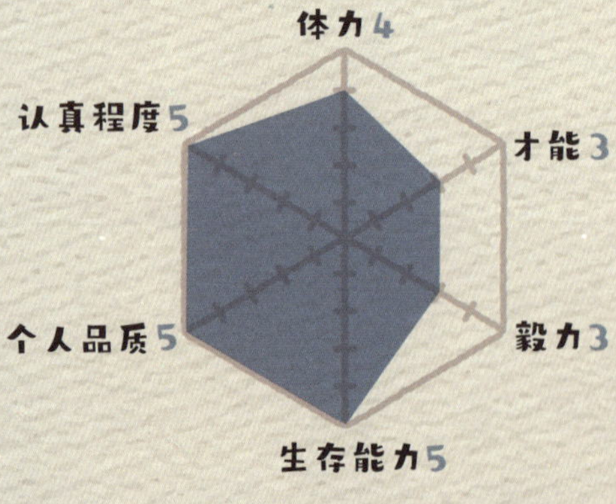

Q 从无人岛回来了吗？

我们回来啦！
野外生存好辛苦！

野外生存真好玩！
再来一次吧！

暖暖的毛毯、明亮的灯光……
啊，活着真是太棒了！

那个时候有船看到SOS信号，真是太好了！

对啊……嗯？
你怎么在这儿啊？

有点担心你们，就跟过来了。
我们一起生活吧。

太好了！今后也请多多关照！
得赶紧给你介绍我们的成员！

话说果然平时就要做好各种各样的准备啊。我们要培养自己的防灾意识！

Q 防灾包里要放什么东西？

要多准备一些防灾工具。
生火用的工具、刀子、水……

可以把它们整理成一个防灾包，
这样面对紧急情况就不会慌张了。

· 手电筒
· 生火的工具
· 饮料（2 升左右）
· 食物（饼干或巧克力）
· 纸巾
· 毛巾
· 刀子
· 手机充电器和充电宝
· 塑料袋
· 保鲜膜或铝箔
· 药品、绷带、消毒液
· 救援单　等

！防灾包要轻便一些，平时放在玄关，这样碰到紧急情况可以拿起就走。

要带上重要的东西啊……
大蒜绝对要带。

如果去无人岛只能带一样东西的话……
一定是拍视频用的摄像机啊！

Q 什么是防灾地图？

为了防灾，我们平时都要注意些什么呢？

要准备好住所附近的“防灾地图”。

详细解说

防灾地图是预测发生灾害时哪些场所会发生损害的地图。地震、海啸、泥石流等都有专门的防灾地图，上面还标注着避难场所的位置。

河流可能发大水、山上可能发生坍塌，我们周围有很多危险因素呢。

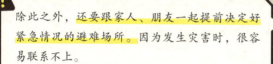

除此之外，还要跟家人、朋友一起提前决定好紧急情况的避难场所。因为发生灾害时，很容易联系不上。

大家一起做一次防灾训练吧！

为应对地震做好准备!

基本的野外生存技能

地震时最重要的就是沉着冷静。所以大家平时就要做好准备，这样到时候就不会惊慌了。

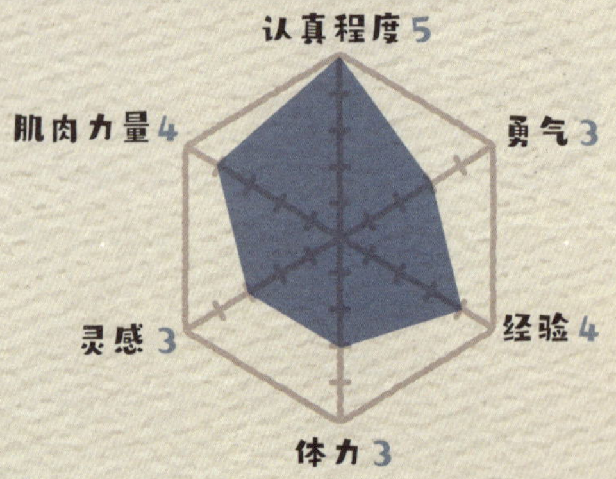

Q 要做好什么样的准备？

我们住的地方应该很少地震吧？
所以不用做那么多准备吧？

这个想法大错特错。
疏忽大意是最危险的。

确实，如果现在发生地震的话……
我可能会很惊慌。

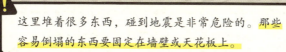

这里堆着很多东西，碰到地震是非常危险的。那些容易倒塌的东西要固定在墙壁或天花板上。

交给我吧！我最擅长做这种事了！

我准备好混凝土了！

不需要混凝土吧……

野外生存技能

出现了地震或者是快要地震时，可以拨打“12322”中国地震局防震减灾服务热线。

Q 地震时要采取什么样的行动？

咔嗒咔嗒咔嗒咔嗒……

喂，怎么刚说完就地震了！
怎、怎么办？

冷静点。先要保护自身的安全。
如果受伤就没法自由行动了。

发生地震时的行动要点

①发生大地震时，要注意高处可能落下的东西，还有可能倒塌的东西。可以趴在桌子下面等待地震结束，同时要用身边的东西遮挡一下头部。

②发生地震时，可能出现房子变形、玻璃碎掉等情况。为了顺利逃出去，要提前规划好逃离路线。

③地震时很容易发生火灾。如果家里有天然气，一定要关上总闸，防止起火。

Q 地震停止后要怎么做？

发生地震时是不是要赶紧从房子里跑出来？

慌忙地向外跑是件很危险的事。跑的过程中可能被碎玻璃砸到，或是被车撞到。

海啸好可怕啊！如果住在海边，是不是要赶紧逃到高处去？

要尽量去高处避难。关好家里的天然气和电闸，然后马上带着防灾包前往事先定好的避难场所。

可以开车去吧？

虽然也分情况，但尽量要走着去。因为开车可能遇上拥堵，如果在开车时又来一拨地震，还可能引发交通事故。

Point

如果开车时碰到地震，一定不能惊慌，要像平时一样将车开到路旁停好。

为应对台风、暴雨做好准备！

基本的野外生存技能

我们平时要注意大型的台风和异常气候引起的暴雨。台风和暴雨还会引发洪水和泥石流。所以在收到警报前，就要做好相应的准备。

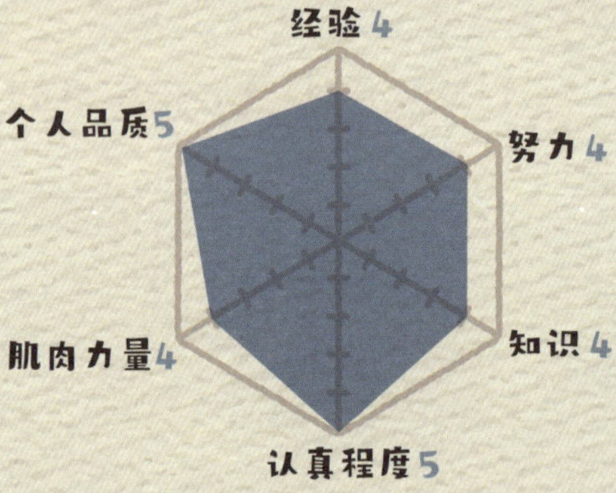

Q 怎样应对台风和暴雨？

有的地区还经常有台风啊！

台风天不仅要注意雨，还要注意风。
可以采取以下行动：
- 将外面容易被风吹走的东西收到屋里。
- 将车移动到安全的场所。
- 用防雨门板或木板等保护好窗户。
- 提前储存一些水，以防断水。

台风天靠近大海或河流是非常危险的，
最好待在安全的地方等台风过去。

呜呜呜……
你们成长了，真让人高兴啊。
我才没哭呢……

因为这是最后一课了，
我也不会哭的，呜呜……

谢谢大家的照顾！
今后也请多多关照！（哭）

以后也会一起去经历令人兴奋的冒险的！

海赛通信 ⑦

台风一来就变得慌慌张张的海赛事务所，门前堆满了各种被风吹来的东西。

台风登陆中国最集中的时段是7~9月。到了盛夏时节，猛烈的风雨就跟暑热一起来袭。台风特别可怕，所以每次看到台风预警，就得匆匆忙忙地做准备。

海赛侦探团的事务所当然也不例外。事务所门前放着很多平时拍摄用的东西，被风吹走很危险，所以大家会一起把它们收进来。台风过后，很多乱七八糟的东西被吹到事务所门前，收拾这些垃圾也要花一些时间。

事务所前的比萨窑曾经在海赛侦探团的视频里出现过很多次。虽然是自己动手建的，但性能非常好，基本什么东西都能烤。这个比萨窑最后也输给了台风，被吹断了烟囱。

到野外钓鱼或露营
时带上这本书吧！

海赛侦探团致大家

16个成员的亲笔信

咻——咻——

咻——咻——

（感谢阅读本书）

最喜欢空调！

感谢阅读本书，
无论是户外玩耍，还是室内玩耍都要尽全力去享受！

各位小朋友，
一起享受大自然吧！

\(^o^)/

感谢阅读本书！
大海是最棒的！

最喜欢的
食物是汉堡。

BanBan
でじまがってる。

无人岛的生活将我逼到极限状态，有时也会感情用事，但这次的经历让我更加感激平时的便利生活。谢谢你，野外生存！

在家玩游戏吧。

当你凝视深渊时
深渊也在凝视着你！

336
よんでくれてありがとうね♪

人生就是一场
野外生存。

感谢读到最后！

无论是学习还是玩耍，
都要尽全力去挑战！

感谢阅读本书，
好孩子们还是不要模
仿了！

要趁热打铁！

被虫子叮了是
很痒的哦！

遇事要先试试看，可
能会有意想
不到的事情
发生。

海赛侦探团

illustration_Taaavin

2011 年 日本冲绳当地的成员组成海赛侦探团

2017 年 实施清洁日本冲绳海岸的 clean beach 活动

2019 年 清扫那霸一文字的钓鱼堤坝

2019 年 清扫日本长崎县古宅的池塘

2020 年 到日本冲绳县的福利机构派发口罩

2020 年 与宇流麻市一起支援受新冠肺炎疫情影响的创业者

2020 年 YouTube 频道订阅人数突破 100 万

2021 年 协助对日本冲绳儿童王国动物园的支援工作

2021 年 向日本冲绳的儿童食堂捐赠 100 万日元的猪肉

版权登记号：01-2023-1806

图书在版编目（CIP）数据

有趣的露营生存图鉴 / 日本海赛侦探团著；王宇佳译. -- 北京：现代出版社, 2023.7
ISBN 978-7-5231-0126-1

Ⅰ. ①有… Ⅱ. ①日… ②王… Ⅲ. ①野外－生存－儿童读物 Ⅳ. ①G895-49

中国国家版本馆CIP数据核字（2023）第025828号

有趣的露营生存图鉴

作　　者	日本海赛侦探团
译　　者	王宇佳
责任编辑	李　昂　申　晶
封面设计	八　牛
出版发行	现代出版社
通信地址	北京市安定门外安华里504号
邮政编码	100011
电　　话	010-64267325　64245264（传真）
网　　址	www.1980xd.com
印　　刷	北京飞帆印刷有限公司
开　　本	710mm*1000mm　1/16
印　　张	10
字　　数	64千
版　　次	2023年7月第1版　2023年7月第1次印刷
书　　号	ISBN 978-7-5231-0126-1
定　　价	58.00元